DURCH STARTEN DEUTSCH

FÜR DIE 8. SCHULSTUFE
LEHRPLAN 4. KLASSE HS/AHS

Verfasst von Franz Fischer, Anna Elisabeth Mittmannsgruber, Gottfried Neubauer, Johann Waser

Diesem Buch ist ein Lösungsheft zu den Übungen beigelegt.

Bibliografische Information der Deutschen Bibliothek
Die Deutsche Bibliothek verzeichnet diese Publikation in der Deutschen Nationalbibliografie; detaillierte bibliografische Daten sind im Internet über http://dnb.ddb.de abrufbar.

Entspricht der Rechtschreibreform 2006

2. Auflage 2009
ISBN 978-3-7058-6835-9

Lektorat: Klaus Kopinitsch
Einleitende Texte: Niki Glattauer
Grafische Gestaltung: Gottfried Moritz
Illustrationen: Helmut „Dino" Breneis
Satz: Anton Froschauer
Herstellung: Julia Pölzgutter
Druck und Bindung: LVDM Landesverlag Denkmayr, Linz

Gedruckt in Österreich auf umweltfreundlich hergestelltem Papier

Inhalt

Wir stellen uns vor! 5
Eggs Familienchronik 6

LERNTIPP ZEITMANAGEMENT 7

LERNTIPP LERNTYPENTEST 8

LERNTIPP KONZENTRATION 10

LERNTIPP TRAININGS-JAHRES-KALENDER 11

RECHTSCHREIBUNG

BILDUNGSSTANDARDS ZUR RECHTSCHREIBUNG 12

1. Rechtschreib-Aufwärmrunden 14
Dehnung der Selbstlaute 15
Einfacher oder doppelter Mitlaut 16
das/dass und den/denn 17
Wortstämme TOD oder TOT 17
Wörter mit s, ss, ß 18
Signale der Großschreibung erkennen 19
Wochentage und Tageszeiten 20
Pronomen der höflichen Anrede 20
Kleinschreibung trotz Signalwörtern 21

2. Besondere Fälle der Großschreibung 24
Adverbien und andere Wortarten als Nomen 24
Zahlwörter 24
Bezeichnungen für Sprachen 25
Nomen als Adverbien 26
Eigennamen 28
Von Namen abgeleitete Adjektive 29

LERNTIPP ARBEITSPLATZ 30

3. Getrennt- und Zusammenschreibung 32
Was immer getrennt geschrieben wird 32
Was immer zusammengeschrieben wird 34
Zusammen oder getrennt – hier musst du entscheiden! 36

4. Bausteine von Fremdwörtern 42
Wörter mit RH, TH, PH und Y 42
Fremdwörter mit v 44
Verschiedene Schreibweisen für k- und sch-Laute 44
Wörter mit OU, EAU, EUR 45

GRAMMATIK UND SATZZEICHEN

BILDUNGSSTANDARDS ZUR SPRACHBETRACHTUNG 46

5. Der Beistrich (das Komma) 48
Wiederholung der Beistrichregeln 48
Der Beistrich in der Aufzählung 50
Der Beistrich zwischen Adjektiven 51
Der Beistrich bei satzwertigen Infinitiven 53
Weitere Beistrichregeln 54
Der Beistrich vor *und* 55
Der Beistrich bei *bitte*, *wie* und *als* 55

6. Weitere Satzzeichen 57
Der Doppelpunkt 57
Der Gedankenstrich 57
Die Anführungszeichen 58

7. Zusammenhänge herstellen 62
Ein Zusammenhang – verschiedene Ausdrucksmöglichkeiten 65

8. Gliedsätze 67
Gliedsätze verschiedenen Grades 69
Nicht eingeleitete Gliedsätze 72

9. Nominalstil – Verbalstil 73
Der satzwertige Infinitiv 75

10. Satzklammer und Ausklammerung 77

11. Kongruenz 79
Ich und er – wir, oder: Kongruenz der Person 79
Kongruenz von Relativpronomen und Beziehungswort 80

12. Die Zeiten (Tempora) 82
Das Futur II 82

13. Aussagen modifizieren 84
Die Modalverben 84
Wer WILL schon (etwas tun MÜSSEN)? – Vollverb oder Modalverb? 86
Modalverben im Perfekt und im Plusquamperfekt 86
Modifizierende Verben 87

14. Der Konjunktiv (die Möglichkeitsform) 89
Der 1. Konjunktiv 89
Der Konjunktiv in der indirekten Rede 90
Der 2. Konjunktiv 90
Ersatzform für den 1. Konjunktiv 91

15. Aktiv – Passiv 94
Die Zeitformen des Passivs 94

16. Präpositionen 98

17. Pronomen 101
Reflexivpronomen (rückbezügliches Fürwort) 101
Demonstrativpronomen (hinweisendes Fürwort) 102
Interrogativpronomen (Fragefürwort) 102
Indefinitpronomen (unbestimmtes Fürwort) 102

TEXTE SCHREIBEN

BILDUNGSSTANDARDS ZUM SCHREIBEN 103

LERNTIPP PAUSEN-ÜBUNGEN 104

18. Briefe an Behörden 106
Anträge 110
Anfragen 112
Reklamationen 114

19. Bewerbungsschreiben 116

20. Lebenslauf 119

LERNTIPP AUDITIVE FÄHIGKEITEN NÜTZEN UND VERBESSERN 120

21. Texte kurz fassen 122

22. Inhaltsangabe 128
Wir fassen für ein Zwischenergebnis zusammen 129
Gliederung der Inhaltsangabe 131
Die Bestandteile einer Inhaltsangabe 135
Sprachliche Stolpersteine bei Inhaltsangaben 141

LERNTIPP VISUELLE FÄHIGKEITEN NÜTZEN UND VERBESSERN 146

23. Argumentieren 148

24. Leserbrief 150

25. Erörterung 153
Erfassen des Themas 154
Stoffsammlung 154
Ordnen des Materials 155
Die Gliederung 155
Die Ausarbeitung (Reinschrift) 157
Darstellungsformen 161

LERNTIPP MÜNDLICHE PRÜFUNGEN ERFOLGREICH BESTEHEN 162

LERNTIPP SCHRIFTLICHE PRÜFUNGEN ERFOLGREICH BESTEHEN 163

„Nicht genügend“ – Was tun? Tipps für Eltern und SchülerInnen 164

Stichwortverzeichnis 168

Wir stellen uns vor!

Mit dem Ende der 8. Schulstufe ist ein wichtiger Schulabschnitt zu Ende, du musst dich entscheiden, welchen Weg du einschlägst: Gehst du weiter in die Schule? Welche Schultype wählst du? Willst du dich mit einer Lehre auf einen Beruf vorbereiten?
Alle diese Möglichkeiten haben aber eines gemeinsam: Du brauchst gute Deutschkenntnisse. Daher wird es gut sein, wenn du am Ende dieses Schuljahres deine Lücken ausgebessert hast und im neuen Stoff sicher bist.
Die wichtigsten Kapitel der **Rechtschreibung** werden wiederholt und einige knifflige Fragen beantwortet, so einige Spezialitäten der Groß- und Kleinschreibung, der Getrennt- und Zusammenschreibung. Auch die Satzzeichen werden ausführlicher geübt.
In der **Grammatik** führen wir die Wort- und Satzgrammatik weiter. Aktiv/Passiv und Konjunktiv kommen noch einmal dran, weil es meist wirklich nötig ist. Neu ist, dass wir Grammatik im Zusammenhang mit dem Stil sehen.
Im Kapitel **Texte schreiben** findest du Übungen zu den Texten, die du im Beruf oder in der Oberstufe am meisten brauchst: Inhaltsangaben, geschäftliche und behördliche Briefe sowie das Argumentieren.
Du sollst mit uns auch **Lernen lernen**. Dazu gibt es einen **Lerntypentest** und zwischendurch immer wieder **Lerntipps**. Diese Lerntipps kannst du ganz allgemein für dein Lernen anwenden. Am Ende eines Stoffgebietes gibt es manchmal **Abschlussübungen** mit Punkteauswertung und Beurteilung. Deine Leistungen werden in Zukunft häufig durch so genannte **Bildungsstandards** gemessen. Daher weisen wir auf diese Standards eigens hin und helfen dir zu einer Selbstkontrolle deiner Leistungen.

Wie kannst du mit dem Buch arbeiten?

Überlege vorher, welches Problem du hast. Dann suche dir aus dem **Inhaltsverzeichnis** oder aus dem **Stichwortverzeichnis** das Kapitel, das du brauchst. Bei manchen Abschnitten ist es aber gut, einen ganzen Abschnitt durchzuarbeiten, damit dir schrittweise alles erklärt wird. Viele Übungen kannst du im Buch machen (mit Bleistift), du solltest aber auch ein Übungsheft anlegen.
Wenn du die Übungen durchgeführt hast, kannst du im **Lösungsheft** vergleichen. Arbeite selbstständig. Deine Eltern oder Freunde/Freundinnen brauchst du nur zum Kontrollieren oder manchmal zum Diktieren.
Die 7 **Ziffern** am linken Rand sind die Nummern der Übungen. zeigt dir an, dass diese Übung schwieriger ist. (Das heißt aber nicht, dass du sie von vornherein auslassen sollst. Du darfst dich aber besonders freuen, wenn du sie geschafft hast.) ...PAUSE! soll dich daran erinnern, dass du lieber kurze Einheiten üben sollst, diese aber konzentriert.
Tipp steht, wenn ein Hinweis „So kannst du dir das merken" oder „So geht's leichter" folgt.
Emmy und Enzo und das Durchstarten-Team wünschen dir, dass du bald zum Höhenflug ansetzen kannst!

Eggs Familienchronik

Also da wären –
Boris „PAPS" Egg und **Betty „MOM" Egg**, beide dynamisch, berufstätig und natürlich erfolgreich – mehr oder weniger. Vor 14 Jahren wurde das Leben der Eggs ganz schön auf den Kopf gestellt – **Enzo** und **Emmy** tauchten geburtsmäßig auf im Doppelpack – Zwillinge also. Tja, nun hieß es sich ein bisschen umzustellen, aber: kein Problem für Paps und Mom Betty, weil dynamisch.
6 Jahre später kam es schon dicker – Schuleintritt der hoffnungsvollen Sprösslinge.
Aber wer ein echter Egg ist, meistert die Grundschule mit links – äh mit dem Kopf.
4 Jahre später war dann aber endgültig Schluss mit lustig – Übertritt in die 1. Klasse und das wieder im Doppelpack.
Leider gibt es nun in der 4. Klasse nicht immer ganz so gute Noten in Deutsch, man könnte hin und wieder sogar von ziemlichen Schwierigkeiten sprechen – also muss ein Nachhilfelehrer her, denken sich die leicht genervten Eltern: **Miss Minus** tritt in das Leben von Enzo und Emmy und macht ganz schön Stress. Außerdem dürfte Miss Minus einen oberpädagogischen Einflüsterer, einen **Ex-Direktor**, haben, Verschwörung pur. Leicht haben sie es also nicht, unsere Zwillinge, aber Gott sei Dank gibt es ja Durchstarten …

Vater Boris, jobbt in der Telekommunikationsbranche; Ende dreißig
Mutter Betty, jobbt in einer Werbeagentur; drei Jahre jünger als Boris
Enzo und **Emmy Egg**, Zwillinge; 14 Jahre; Lernschwierigkeiten in Deutsch; bemühen sich grundsätzlich, den Lernstoff zu kapieren; stehen unter Leistungsdruck der Eltern, die es aber nur gut mit ihnen meinen …
Mister Jones ist auch ein Egg, katzenmäßig! Als solcher spendet er Trost, weniger Rat und ist überall dort, wo sich Katzen vom Schlage eines Mister Jones so herumtreiben.
Miss Minus, Nachhilfelehrerin; verzopfte Pädagogin der alten Schule, obwohl jung an Jahren; Motto: „Nur ein Streber ist ein guter Mensch." Geprägt von ihrem Grundschuldirektor Fies.
Ex-Direktor Fies, pensionierter Grundschuldirektor; Lehrer von Miss Minus; hatte auch noch Enzo und Emmy in seiner Schule; voller Vorurteile: Alle Schüler sind Flaschen, Enzo und Emmy sowieso.

ZEITMANAGEMENT

Was für Manager gilt, gilt für dich schon lange. Zeit = Geld = Freizeit. Also gehört sie gut gemanagt.

TIPP 1 TRAININGS-JAHRES-KALENDER

Du findest ihn auf Seite 11; einfach ausfüllen. Er zeigt dir deinen Trainingsfortschritt, deinen Fleiß und plant deine Lerneinheiten.

TIPP 2 DEINE LEISTUNGSKURVE

Menschen haben zu unterschiedlichen Zeiten ihre Leistungshochs und Leistungstiefs. Wie die Durchschnitts-Tagesleistungskurve aussieht, zeigt dir die Illustration unten.
Zeichne nun mit einem Rotstift deine persönliche Tagesleistungskurve in die Illustration ein. Erledige die anstrengendsten Aufgaben in jenen Zeitbereichen, wo du am leistungsfähigsten bist.

TIPP 3 ZEIT- UND LERNPLAN

Du kannst ihn kostenlos von der Durchstarten-Homepage downloaden:
www.durchstarten.at/lerntipps
Der Planer hilft dir, deine *(Frei)*Zeit besser zu nutzen. Er enthält:

1 Termine *(Unterricht, Verabredungen, Freizeitaktivitäten ...)*
2 Aufgaben *(Lernzeiten, Zeiten für Hausaufgaben, Einkaufen, Rasen mähen ...)*
3 Kommunikation *(Menschen, mit denen du kommunizieren möchtest per SMS, Telefon, E-Mail ...)*
4 Hausaufgaben *(aktuelle Hausaufgaben des Tages)*
5 Prüfungen *(geplante Lernzeiten, Lernstoff)*
6 Zusätzliches Lernen *(„Problemfächer")*

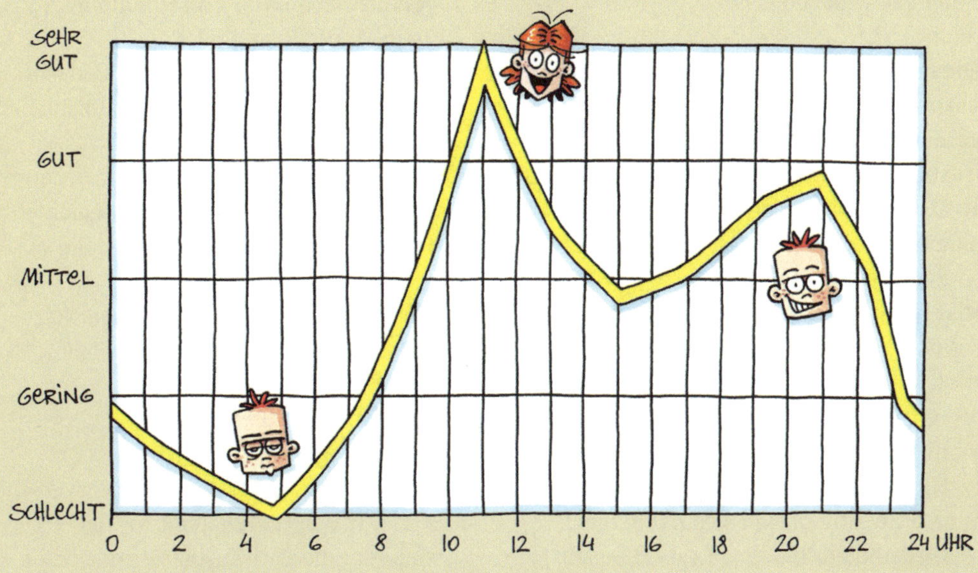

LERNTYPENTEST

Du nimmst deine Umgebung über fünf Sinne wahr:

1. sehend (visuell)

2. hörend (auditiv)

3. fühlend (kinästhetisch)

4. riechend (olfaktorisch)

5. schmeckend (gustatorisch)

Auch beim Lernen sind diese Sinne beteiligt, insbesondere musst du dafür deine sehenden, hörenden und fühlenden Fähigkeiten einsetzen.

TESTVORBEREITUNG

- Finde eine Person, die dich testet = TESTER *(Freundin, Freund, Mutter, Vater ...)*

Dieser TESTER muss nun Folgendes vorbereiten:

- 10 Gegenstände *(zum Sehen)*, die er versteckt bereit hält *(zB in Sack 1)*
- 10 DIN-A4-Blätter, auf die er jeweils einen Begriff *(zum Lesen)* groß und deutlich schreibt
- 10 weitere Begriffe *(zum Hören)*, die er auf einem Zettel versteckt notiert
- 10 Gegenstände *(zum Betasten)*, die er versteckt bereithält *(zB in Sack 2)*. Diese Gegenstände müssen durch Betasten sofort erkennbar sein. Gegenstände und Begriffe dürfen sich dabei nicht wiederholen. Du als getestete Person musst auf den ersten Blick erkennen, worum es sich bei den Gegenständen bzw. Begriffen handelt.

TESTABLAUF

BETRACHTEN (visuell)

SCHRITT 1: Der TESTER zeigt dir aus Sack 1 die zehn Gegenstände im Abstand von 2 (!) Sekunden. Wichtig: Der gezeigte Gegenstand verschwindet wieder, ehe der nächste Gegenstand gezeigt wird.

SCHRITT 2: 30-Sekunden-Ablenkung: Der TESTER stellt dir einfache Rechenaufgaben (plus, minus, mal) mit Zahlen von 1 bis 10 (zB *8 plus 5, 9 minus 7, 3-mal 6 ...*).

SCHRITT 3: Nun musst du die im Gedächtnis behaltenen Gegenstände aufzählen. Dafür hast du 60 Sekunden Zeit. Der TESTER schreibt die von dir genannten Begriffe in die TESTTABELLE auf Seite 9.

LESEN (visuell)

SCHRITT 1: Der TESTER zeigt dir nacheinander die DIN-A4-Blätter mit den

Begriffen. Jeder Begriff bleibt 2 Sekunden sichtbar für dich.
SCHRITTE 2 UND 3: wie oben

HÖREN (auditiv)

SCHRITT 1: Der TESTER liest dir im Abstand von 2 Sekunden die 10 Begriffe vom Zettel vor.
SCHRITTE 2 und 3: wie oben

FÜHLEN (kinästhetisch)

SCHRITT 1: Der TESTER verbindet dir die Augen. Er reicht dir nacheinander die Gegenstände aus Sack 2 zum Betasten. Du zeigst dem TESTER durch Nicken, dass du den Gegenstand erfühlt hast. Erst danach darf dir der TESTER den nächsten Gegenstand reichen. Dafür darfst du auch mehr als 2 Sekunden brauchen.
SCHRITTE 2 und 3: wie oben

TESTTABELLE

	BETRACHTEN	LESEN	HÖREN	FÜHLEN
1				
2				
3				
4				
5				
6				
7				
8				
9				
10				

Du erkennst nun, mit welchen deiner Wahrnehmungskanäle du Dinge besser behalten kannst. Hast du zB im auditiven Bereich besonders gute Ergebnisse erzielt, heißt das, dass du dir sehr gut merken kannst, was dein Lehrer erzählt. Wenn du aber besonders gute visuelle Fähigkeiten hast, wirst du dich leichter an Tafelbilder, Folien, Skizzen etc. erinnern.

In der Schule sind überwiegend deine auditiven und visuellen Fähigkeiten gefragt. Auf den Seiten 120 und 146 findest du Tipps, wie du diese noch verbessern kannst.

Auch Durchstarten fördert die verschiedenen Wahrnehmungskanäle, indem die Übungen abwechslungsreich darauf abgestimmt sind.

KONZENTRATION

Äußere Störungen ausschalten

Wenn du kein eigenes Zimmer und keinen festen Arbeitsplatz hast, solltest du mit deiner Familie besprechen, wo du täglich dein Lernen erledigen kannst. Der Raum sollte von dir geschlossen werden können und in der Zeit, in der du arbeitest, nur für dich zugänglich sein. Du musst dich auf deinem Arbeitsplatz ungestört und wohl fühlen. (Siehe auch Seite 30)

Aufwärmübungen

Beginne dein Lernen immer mit einer leichten Übung, zB mit dem Planen deines Lernnachmittages oder dem Lernen von 7 Vokabeln.

Kleine Lernportionen

Wenn du dazu neigst, während der Arbeitszeit schnell aufzugeben und vom Schreibtisch wegzulaufen, lehne dich lieber alle 5 Minuten kurz zurück zu einem Minipäuschen. Das fördert dein Durchhaltevermögen und verbessert die Merkfähigkeit.

Lerngymnastik

Mache die Überkreuzbewegung von Seite 104.

Gedankenmüll beseitigen

Lenken dich immer wieder „nichtschulische Gedanken" vom Lernen ab? Um sie loszuwerden, musst du das Gefühl bekommen, dass du sie jederzeit wieder zur Verfügung haben kannst, wenn du das möchtest. Stelle dir eine „Gedankenmüllschachtel" neben den Schreibtisch. Wenn dich ein Gedanke ablenken will, schreibst du ihn auf einen Zettel und legst ihn in die Schachtel. Nun hast du das Gefühl, diesen wichtigen Gedanken nicht verlieren zu können. Nach dem Lernen nimmst du dir alle Zettel und überlegst, ob sie jetzt noch eine Bedeutung für dich haben.

Über Probleme reden

Wenn du einen Streit hattest, dich ungerecht behandelt fühlst usw. solltest du sofort das Gespräch suchen. Das entlastet und du kannst dich danach wieder auf das Lernen konzentrieren.

Sich selbst motivieren

Du kannst deine eigene, lernunwillige Stimmung selbst beeinflussen.
Sage dir zB laut vor: „Super, heute darf ich noch Englisch lernen. Bruchrechnungen – Spitze! Da lasse ich jeden Kinofilm sausen, am liebsten würde ich den ganzen Tag mit Mathe zubringen."
Bei dieser Übung gilt: Je doofer, desto besser. Am besten vor dem Spiegel!

Erfolg vorwegnehmen

Schließe die Augen und stelle dir vor, wie das ist, wenn du mit dem Lernen fertig bist. Wie du dir zur Belohnung einen Hamburger genehmigst, 20 SMS verschickst und dich mit Freunden verabredest.

Lerngruppen bilden

Lernen mit Freunden bietet viele Vorteile: Man kann sich gegenseitig helfen und loben, man kommt auf neue Ideen, man sieht, dass die anderen auch nicht allwissend sind usw.

TRAININGS-JAHRES-KALENDER

Trage hier die Nummern der Übungen ein, die du an einem Tag gemacht hast. Zum Beispiel heißt

	Oktober	
1	15	16

, dass du am 1. Oktober die Übungen 15 und 16 gemacht hast.

	September	Oktober	November	Dezember	Jänner	Februar
1						
2						
3						
4						
5						
6						
7						
8						
9						
10						
11						
12						
13						
14						
15						
16						
17						
18						
19						
20						
21						
22						
23						
24						
25						
26						
27						
28						
29						
30						
31						

	März	April	Mai	Juni	Juli	August
1						
2						
3						
4						
5						
6						
7						
8						
9						
10						
11						
12						
13						
14						
15						
16						
17						
18						
19						
20						
21						
22						
23						
24						
25						
26						
27						
28						
29						
30						
31						

RECHTSCHREIBUNG

In den vergangenen Schuljahren hast du dich mit allen wichtigen Kapiteln der Rechtschreibung beschäftigt. Am Ende der 8. Schulstufe sollen die erworbenen Fähigkeiten mit Hilfe so genannter Standards überprüft werden. Dabei sollst du selbst dein eigenes Können in verschiedenen Bereichen (Lesen, Texte schreiben ...) beurteilen. Auch deine Lehrkräfte schätzen in diesen Bereichen dein Können mit denselben Fragen ein.
Die Aufgaben dieses Buches helfen dir, dich selbst realistisch einzuschätzen.

BILDUNGSSTANDARDS RECHTSCHREIBUNG	nicht ausreichend	einigermaßen	(sehr) gut	ÜBUNGEN und ERKLÄRUNGEN in DURCHSTARTEN	ÜBUNGEN in DURCHSTARTEN – DEIN ÜBUNGSBUCH
Ich beherrsche die Anwendung und die Rechtschreibung eines ausreichenden Wortschatzes; einschließlich häufiger Fremdwörter.				Band 5: S. 12–73 Band 6: S. 17–74 Band 7: S. 15–54 Band 8: S. 14–45	Band 5: S. 5–70 Band 6: S. 5–63 Band 7: S. 5–65 Band 8: S. 5–69
Ich kenne wichtige Rechtschreibregeln (zB für Groß- und Kleinschreibung, das/dass, s-Schreibung ...) und kann sie sicher anwenden.				Band 5: S. 12–73 Band 6: S. 17–74 Band 7: S. 15–54 Band 8: S. 14–45	Band 5: S. 5–70 Band 6: S. 5–63 Band 7: S. 5–65 Band 8: S. 5–69
Ich kann Satzzeichen richtig setzen.				Band 6: S. 75–76 Band 7: S. 78–80 Band 8: S. 48–61	Band 6: S. 64–70 Band 7: S. 83–90 Band 8: S. 70–80
Ich kann meine Texte mit der Rechtschreibkontrolle am Computer überprüfen und weiß, welche Bereiche der Computer nicht kontrollieren kann.				Band 8: S. 14–45	
Ich weiß, wie ich Rechtschreibfehler durch Benützen eines Wörterbuches vermeide.				Band 5: S. 12–73 Band 6: S. 17–74 Band 7: S. 15–54 Band 8: S. 14–45	Band 5: S. 109–111 Band 6: S. 109–111 Band 7: S. 109–111 Band 8: S. 116–118

Im Folgenden zeigen wir dir einige Möglichkeiten, wie du selbst überprüfen kannst, wie es um dein Rechtschreibkönnen bestellt ist bzw. in welchen Bereichen du noch gezielt üben solltest.

mailto:exdirex.fies@out.com
Verehrter Herr Ex-Direktor!
Muss Sie unbedingt folgendes E-Mail lesen lassen:
Liebe Frau Lehrerin Miß Minus,
wir wollen dieses Jahr keine Nachhilfestunden in D mehr haben. Wir glauben, das wir in D nähmlich schon ziehmlich gut sind. Ausserdem kosten die Stunden unsere Mutter jedes mal sehr viele Geld. Bitte unterstüzen sie uns, wenn wir unseren Eltern jetzt sagen, daß sie uns dieses Jahr nur ungern und wiederwillig nähmen würden weil sie eh keine Zeit nicht haben, und falen sie uns nich in dem Rücken. wir sind auserdem sicher, das sie eh fro sind, wen sie uns loß sind ...
Emmy und Enzo Egg
Was sagt man dazu?
mailto:miss.minus@4.Klasse
Liebste mm,
Was ich dazu sage? Dass eine gehörige Portion Arbeit auf Sie wartet ... Mein Fräulein Tochter, Little Miss Franzoi Fies, hat 22 Fehler gezählt (Ausdruck- und Beistrichfehler eingerechnet) ... Und ich glaube, das sind noch nicht alle!
Ihr Ex-Direktor Fies ☹

1 ÜBUNG

Fehler suchen: Emmy und Enzo haben sich mit Miss Minus einen üblen Scherz erlaubt. Ihr Mail (siehe Seite 13) ist voller Fehler, mindestens 22, abgesehen von den Wiederholungsfehlern. Wie viele davon findest du?

2 ÜBUNG

Diagnose-Diktat 1:

- Lass dir folgenden Text diktieren! Einen Tag später kannst du dir auch noch das Diagnose-Diktat 2 (im Lösungsheft) ansagen lassen.
- Kontrolliere sehr genau mit dem Lösungsheft.

Reiner Kunze „Fünfzehn" – 1. Teil

Sie trägt einen Rock, den kann man nicht beschreiben, denn schon ein einziges Wort wäre zu lang. Ihr Schal dagegen ähnelt einer Doppelschleppe: lässig um den Hals geworfen, fällt er in ganzer Breite über Schienbein und Wade. Zum Schal trägt sie Tennisschuhe, auf denen sich jeder ihrer Freunde und jede ihrer Freundinnen unterschrieben haben. Sie ist fünfzehn Jahre alt und gibt nichts auf die Meinung uralter Leute – das sind alle Leute über dreißig.
Wenn sie Musik hört, vibrieren noch im übernächsten Zimmer die Türfüllungen. Ich weiß, dass diese Lautstärke für sie Lustgewinn bedeutet. Dennoch ertappe ich mich immer wieder bei einer Kurzschlussreaktion: Ich spüre plötzlich den Drang in mir, sie zu bitten, das Radio leiser zu stellen.
Auf den Möbeln ihres Zimmers flockt der Staub. Unter ihrem Bett wallt er. Dazwischen liegen Haarklemmen, ein Taschenspiegel, Knautschlacklederreste, Schnellhefter, Apfelstiele, ein Plastikbeutel mit der Aufschrift „Der Duft der großen weiten Welt", angelesene und übereinander gestülpte Bücher, Jeans mit in sich gekehrten Hosenbeinen, halb- und dreiviertel gewendete Pullover, Strumpfhosen, Nylon und benutzte Taschentücher. Ich weiß: Sie will sich nicht den Nichtigkeiten des Lebens ausliefern. Sie fürchtet die Einengung des Blicks, des Geistes. Sie fürchtet die Abstumpfung der Seele durch Wiederholung!

(198 Wörter – Den 2. Teil des Textes findest du als Diagnose-Diktat 2 im Lösungsheft.)
(Reiner Kunze: „Fünfzehn" – 1. Teil aus: Die wunderbaren Jahre. Prosa. S. Fischer Verlag, Frankfurt 1976)

3 ÜBUNG

Trage nun die falsch geschriebenen Wörter aus Übung 2 in die Tabelle auf Seite 15 ein. Führe anschließend die Übungen zu jenen Fehlerbereichen aus, bei denen du Wörter falsch geschrieben hast.

Wörter ohne Dehnungszeichen	Wörter mit Dehnungszeichen	einfacher oder doppelter Mitlaut	das/dass den/denn
Übung 4	Übung 5, 6	Übung 7	Übung 8

ERKLÄRUNG

Dehnung der Selbstlaute

Für die Dehnung gibt es keine Regeln. Du musst dir daher die häufigsten Wörter besonders gut einprägen, besonders gleich klingende Wortpaare. Alle Zweifelsfälle kannst du mit dem Wörterbuch klären.

4 ÜBUNG

Wichtige Wörter ohne Dehnungszeichen

- Präge dir die Schreibung folgender Wörter möglichst gut ein.
- Nach kurzer Pause: Decke die Wortliste ab, füge ein passendes Wort ein und schreibe die Fügung in dein Übungsheft.

Ware, Gemälde, einmalig, Tiger, Vor- und Zunamen, Bibel, nämlich, spät, denen, wert sein, der Wert, holen, er/sie holt, gib, Familie, Goldmine, uralt, Krise, Maschine, er/sie war, das Gehör, hören

1. im Formular ... eintragen
2. ... kommt von Name; bedeutet „namentlich“
3. es war ... am Abend
4. eine Misch...
5. ein ... Mensch
6. der ... des Bildes
7. die Bedeutung der ... für das Kind
8. in der ... lesen
9. sie ... das Auto
10. bitte ... mir zu trinken
11. eine politische ...
12. eine ... Gelegenheit
13. sich ... verschaffen
14. ein modernes ...

5 ÜBUNG

Blitzdiktat: Wichtige Wörter mit Dehnungszeichen

- Lies die Wortgruppen in der Tabelle auf Seite 16 oben aufmerksam durch.
- Unterstreiche jene Wörter, bei deren Schreibung du eventuell unsicher bist.
- Decke die Wörter ab. Schau dir jeweils 3 Wortgruppen ganz kurz an, decke sie wieder ab und schreibe sie auswendig auf.

Wortgruppen		
das ist wahr sie wehrt sich jemanden etwas lehren	ein leckeres Mahl er späht um die Ecke sie nahm etwas wahr	die Einnahme die Schuhe dehnen eine hohle Kugel
eine ergiebige Übung mit bedrückter Miene ein wehrhaftes Tier	die Zunahme an Wert eine ausgedehnte Höhle die genaue Wiedergabe	ein freigiebiger Mensch eine beliebige Seite ein Lied singen

6 ÜBUNG

Setze i oder ie ein. Verwende dann die Wörter in Sätzen.

W.....derstand, w.....dersprechen, erw.....dern, w.....derfahren, W.....derhall, w.....derlich, w.....derrechtlich, W.....derruf, sich w.....dersetzen, w.....der-sp.....egeln

ERKLÄRUNG

Einfacher oder doppelter Mitlaut

- Auf kurz gesprochenen, betonten Vokal folgen immer zwei Mitlaute.
- Wenn du nur einen Mitlaut hören kannst, wird dieser verdoppelt.
- Wenn zwei verschiedene Mitlaute folgen, wird meist nicht verdoppelt. (Ausnahme: Doppelmitlaut gehört zum Wortstamm)
- In deutschen Wörtern wird statt kk → ck und statt zz → tz geschrieben.

Beispiele: Kraft, List, kosten, gelten, verwalten, Koffer, rissig, Masse, Schütze, Wecker, Öffnung (Stamm: offen), fasst (Stamm: fassen), Weckruf (Stamm: wecken)

7 ÜBUNG

Ergänze folgende Wörter mit einem einfachen oder doppelten Mitlaut. Ordne sie dabei in eine Tabelle in deinem Heft ein.

Gewa...t, schü...en, Wa...e, Fil..., Ba...en, Vo...k, vo...kommen, Är...tin, umgesta...ten, Hausverwa...ter, wir...sam, Ho...z, Stü...pfeiler, stür...en, spa...ten, verwi...en, Gä...te, gei...ig, par...en, pa...en, schmel...en, Schnau...e, fi...tern, er kü...t, Nusskna...er, Wal...er tan...en

ein Mitlaut (im Wortstamm) → verdoppelt	zwei verschiedene Mitlaute → nicht verdoppelt
schützen	Gewalt

ERKLÄRUNG

das/dass und den/denn

- **das** und **den** sind Artikel oder Pronomen
- **dass** und **denn** sind Konjunktionen (Bindewörter), die Sätze verknüpfen

Beispiele: **Dass** du mich besuchen willst, hast du mir schon gesagt. Leider ist **das** nicht möglich, **denn** ich muss zum Arzt. Schade, aber **das** (= dieses) hast du mir nicht gesagt.

8 ÜBUNG

Verknüpfe die beiden Sätze mit *das, dass, den* oder *denn*.

Beispiel: Emmy, kannst du mir den Sänger nennen? Du hast neulich so für diesen geschwärmt. ► *Kannst du mir den Sänger nennen, für den du neulich so geschwärmt hast?*

1. Ich muss seinen Namen unbedingt wissen. Ich will mir eine CD kaufen.
2. Kannst du mir deinen Kugelschreiber borgen. Ich habe meinen vergessen.
3. Ich weiß es genau: Du hast immer einen zweiten bei dir. (2 Lösungen)
4. Oh, ich befürchte: Ich habe meinen auch liegen lassen.
5. Das hätte ich von dir nicht gedacht! Du vergisst einmal etwas.
6. Genügt dir auch der Bleistift? Ich habe gerade einen gefunden.
7. Danke, ich weiß: Du bist immer der letzte Retter in der Not.
8. Hast du davon schon gehört? Nächste Woche gibt es einen Deutsch-Test.
9. Für diesen lerne ich bereits. Ich will eine positive Note schreiben.

ERKLÄRUNG

Wortstämme TOD oder TOT

Regel: Zusammengesetzte **Adjektive** schreibt man mit **-d**, zB to**dkrank**.
Zusammengesetzte **Verben** schreibt man mit **-t**, zB to**tlachen**.

9 ÜBUNG

Ergänze folgende Wörter. Benütze dein Wörterbuch!

to...bringend, to...gesagt, to...enblass, Tö...ung, to...traurig, to...fahren, To...feind, to...geweiht

ERKLÄRUNG

Wörter mit s, ss, ß

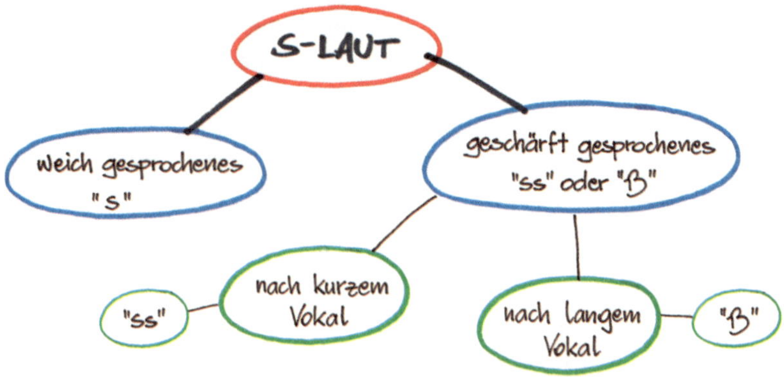

TIPPS ZUR SICHEREN S-SCHREIBUNG

- Deutlich und übertrieben sprechen.
  Vor allem im Wortinneren ist der s-Laut gut zu hören:
  zB Rasen – Rassen; **kurzer** oder **langer Vokal** (Füße; Flüsse)?
- Grundwort (Wortstamm) suchen oder Wort verlängern, sodass das s im Wortinneren (**zwischen Vokalen**) steht:
  zB Preis – Preise; reist – reisen
- Wenn das **t** nach dem s-Laut zum Wortstamm gehört, steht immer st (fasten, rasten, Gast, Last, fast).
- **Zwielaute** (ei, au, äu, eu) sind immer **lange Laute**:
  äußern, **au**ßerdem
- Beachte: Starke Verben haben unterschiedliche Wortstämme, daher kann die Schreibung zwischen ss und ß wechseln:
  zB **essen** – **aß**; wissen – weiß

10 ÜBUNG

Ergänze die Wörter und ordne sie nach der Schreibung des s-Lautes. (Mache eine Tabelle mit s/ss/ß.)

la..... da.....; wir la.....en ein Buch; Rei.....verschlu.....; Rei.....elu.....t; grie.....grämig; Bu.....fahrplan; das Pika..... spielen; eine kö.....tliche Speise; die Ri.....quetschwunde; die Autobu.....e; Rei.....brett; die mei.....ten; am be.....ten; grö.....tenteils; au.....erdem; die Ha.....t; de.....halb; er a..... Grie.....brei; drei.....ig; sie wü.....te da..... gern; rie.....ig; mit blo.....en Händen; Spa..... verstehen; gesto.....en; ein bi.....chen; ich wei..... es nicht

ERKLÄRUNG

Signale der Großschreibung erkennen

Außer den Nomen, die du meist gleich am Sinn (Namenwort für Personen, konkrete oder abstrakte „Dinge“) erkennen kannst, werden auch andere Wörter großgeschrieben, wenn diese als Nomen verwendet werden.
Die wichtigsten **Signalwörter** für die Verwendung als Nomen sind:

- **Artikel**, der zu einem Nomen, einem Infinitiv, Partizip oder Adjektiv gehört: ***das*** *Klettern;* ***die*** *Jüngeren;* ***das*** *soeben Gesagte*
- **„Schmelzwort“** (zum, beim, vom ...), das zu einem Infinitiv gehört: ***beim*** *Abspielen der DVD;* ***ins*** *Schleudern geraten*
- **Präposition** oder **Pronomen**, welche zu einem Infinitiv oder Adjektiv gehören: ***vor*** *Staunen; sich* ***über*** *Schönes freuen;* ***dein*** *Lachen*
- Wörter wie **viel**, **wenig**, **nichts**, **alles** ..., die zu einem Adjektiv gehören: ***wenig*** *Erfreuliches;* ***allerlei*** *Abwechslungsreiches*
- **abgewandeltes Adjektiv**, das zu einem Infinitiv gehört: ***gefährliches*** *Überholen;* ***eifriges*** *Üben;* ***schnelles*** *Reagieren*

11 ÜBUNG

Diagnose-Diktat 3: Lass dir folgenden Text ansagen oder übertrage ihn in die übliche Groß- und Kleinschreibung.

da deine pflichtschuljahre bald zu ende sein werden, ist es an der zeit, an die berufliche zukunft zu denken. deshalb einige tipps für erfolgreiches bewerben.
als erstes solltest du darangehen, ein persönliches bewerbungsprofil zu erstellen: welche stärken zeichnen mich aus? welche formen des arbeitens liegen mir besonders? bevorzuge ich geistiges arbeiten oder führe ich lieber etwas praktisches aus? ist der umgang mit menschen für mich das wichtigste oder beschäftige ich mich gerne für mich allein? was hat zum entstehen meines berufswunsches beigetragen?
weiters gilt es zu überlegen, in welcher branche oder in welchen betrieben du arbeiten möchtest. zum sammeln von informationen darüber werden berufsinformationsmessen angeboten. rasches beschaffen von materialien ist heute auch über das internet möglich.
nimm dir drittens zeit zum durchforsten von stellenangeboten. befasse dich mit solchen, die deinen befähigungen entgegenkommen, etwas genauer: welche anforderungen werden an die gesuchte person gestellt?

AUSWERTUNG:
Wenn du mehr als 4 Fehler bei der Groß- und Kleinschreibung zu beklagen hast, solltest du aus DURCHSTARTEN DEUTSCH 7 einige Übungen zu diesem Kapitel wiederholen.

ERKLÄRUNG

Wochentage und Tageszeiten

	Verwendung als Nomen	Verwendung als Adverb
	Signalwörter: Präposition oder Artikel; ohne Kennzeichen	ohne Artikel; häufig -s am Wortende
Beispiele:	**am** Sonntag, **eines** Abends; **gestern** Nacht; **heute** Morgen (= in der Früh)	abend**s**, montag**s**; gestern – heute – morgen (= am folgenden Tag)

12 ÜBUNG

Übertrage ins Heft. Ergänze den Anfangsbuchstaben und ordne sie nach Groß- und Kleinschreibung.

erst am ...bend erledigen; von ...ienstag bis ...onnerstag; in der ...rüh aufstehen; ...amstags ausgehen; am gestrigen ...bend; heute ...bend; übermorgen ...ormittag; gestern ...acht; ...rüh am ...orgen; eines ...achts; ...pätabends; ...rühmorgens; ...orgestern ...bend; ...achts fernsehen

ERKLÄRUNG

Pronomen der höflichen Anrede

Regel: Die **Pronomen** der **höflichen Anrede** (Sie, Ihnen, Ihr, Ihre ...) werden in allen Texten, nicht nur in Briefen, **großgeschrieben**.

13 ÜBUNG

Schreibe das Gespräch in der höflichen Anrede auf.

M: Hast du die Unterlagen für die Firma Xenon schon fertig?

E: Ja, das Angebot ist zusammengestellt. Du brauchst es nur noch zu unterschreiben. Warte, ich bringe dir gleich die Mappe.

M: Danke, nicht nötig. Du kannst sie mir morgen vorlegen. Hast du noch Zeit für einen kleinen Sonderauftrag? Für die Firma Obst und Kern brauche ich noch ein paar Fotos für die Broschüre. Schau, dass du etwas Passendes findest und schicke diese dann per Mail dem Marketingleiter.

E: Wenn es dir recht ist, gehe ich, sobald ich die Bilder habe. Ich wünsche dir einen schönen Abend.

ERKLÄRUNG

Kleinschreibung trotz Signalwörtern

Manche Wörter sehen wie Nomen aus oder du findest vor ihnen sogar ein Signal für die Großschreibung. Dennoch müssen sie kleingeschrieben werden.

■ am + Superlativ

Beispiel: steil – steiler – **am s**teilsten (du kannst nicht sagen: an dem steilsten)

■ **Attribute** zu nicht wiederholten Nomen

Beispiel: Im JUZ gibt es Angebote für alle Jugendlichen, für die **jüngeren** (Jugendlichen) Kreativworkshops, für die **älteren** (Jugendlichen) eine Medienwerkstatt.

■ Indefinitpronomen

Beispiele: der eine, andere, viel und wenig – sowie alle anderen Formen dieser Wörter. Ebenso: ein jeder, eine jede; die beiden, beide, beides; alle, alles; die meisten, das meiste; manche(r, -es). Wenn diese Wörter mit einem Signalwort für die Großschreibung verbunden sind (zB einem Artikel), können sie auch großgeschrieben werden (zB die Meisten).

14 ÜBUNG

Füge die im Kasten angegebenen Wörter passend in den Text ein.

Ein Vorstellungsgespräch ist für .... und .... von uns eine besonders herausfordernde Situation, welche .... gerne vermeiden würden. Ja, so .... haben sogar richtig Angst davor, ... eine ...., ... eine ....

.... ist es daher, wenn du dir solche Auftritte des Öfteren vorstellst, und zwar möglichst genau. Fast alle Gespräche laufen nach einem ähnlichen Schema ab und werden nach ähnlichen Gesichtspunkten beurteilt. Daher gibt es durchaus Tipps, welche für .... dieser Auftritte empfehlenswert sind.

- JEDE
- JEDEN
- DIE MEISTEN
- MANCHE
- DIE EINEN
- GRÖSSERE
- DIE ANDEREN
- GERINGE
- AM BESTEN
- DIE MEISTEN

...PAUSE!

ABSCHLUSSÜBUNG 1

a) **Lass dir zunächst den Text diktieren. Führe anschließend die Abschlussübungen b) und c) durch und kontrolliere erst dann mit dem Lösungsheft.** (Beachte, dass bei Großbuchstaben ß durch SS ersetzt wird.)

TIPPS FÜR EIN ERFOLGREICHES VORSTELLUNGSGESPRÄCH

- LEGEN SIE WERT AUF EIN GEPFLEGTES ÄUSSERES UND KLEIDEN SIE SICH DEM ANLASS UND DEM UNTERNEHMEN ENTSPRECHEND. DENNOCH SOLLTEN SIE SICH IN DER GEWÄHLTEN KLEIDUNG WOHL FÜHLEN. TURNSCHUHE, ZU ENGE, DURCHSICHTIGE ODER SCHLABBERNDE KLEIDUNG SIND ABER UNBEDINGT ZU VERMEIDEN. IHRE SCHUHE SOLLTEN GEPFLEGT UND NICHT VERSCHLISSEN SEIN.
- WARTEN SIE ZUNÄCHST, BIS DER VORGESETZTE SIE BITTET, DEN RAUM ZU BETRETEN.
- IM BERUFSLEBEN WERDEN HÖHERRANGIGE ÜBLICHERWEISE ZUERST GEGRÜSST, DAS HEISST, DIE BEWERBERIN ODER DER BEWERBER GRÜSST DEN/DIE VORGESETZTE ALS ERSTE(R). WARTEN SIE DARAUF, DASS IHNEN DIE HAND ZUR BEGRÜSSUNG GEREICHT WIRD.
- SETZEN SIE SICH ERST, WENN IHNEN EIN PLATZ ANGEBOTEN WIRD.
- ETWAS SEHR WICHTIGES IST DIE ANREDE MIT NAMEN: NENNEN SIE DAHER BEI DER BEGRÜSSUNG NOCHMALS IHREN EIGENEN.
- ZUM SCHLUSS KÖNNEN SIE SICH FÜR DIE EINLADUNG UND DAS AUFSCHLUSSREICHE GESPRÄCH BEDANKEN, SOFERN ES EIN SOLCHES WAR.
- WARTEN SIE WIEDER AB, BIS IHNEN DIE HAND ZUM VERABSCHIEDEN GEREICHT WIRD.

(Legen sie Wert auf ein gepflegtes Äußeres ...: nach: Deutschmagazin 6/04, Oldenbourg Schulbuchverlag, München 2004)

b) **Begründe die Groß-/Kleinschreibung folgender Wörter des Textes oben mit einer Regel:**

ÄUSSERES, UNTERNEHMEN, HÖHERRANGIGE, WICHTIGES, VERABSCHIEDEN

c) **Welche der folgenden Wörter würde die Rechtschreibprüfung deines Computers unterwellen, wenn die Groß-/Kleinschreibung falsch ist. Unterstreiche sie.**

WERT, ÄUSSERES, ANLASS, SCHLABBERNDE, UNBEDINGT, VERSCHLISSEN, GEGRÜSST, ALS ERSTER, WICHTIGES, VERABSCHIEDEN

Übungen zum Wiederholen – Vertiefen – (Ab)Sichern in **DURCHSTARTEN – DEIN ÜBUNGSBUCH**.

mailto:miss.minus@4.Klasse
Liebste mm,
habe auch einen sehr interessanten Text für Sie gefunden.
Lesen Sie (aber lassen Sie sich nicht beirren):
Ncah enier Sduite an enier Elingshcen Unvirestität ist es
vliölg eagl, in wlehcer Rienhnfolge die Bcuhtsbaden in
eniem Wort gschebeiren sethen, das enizig Wcihigte daebi
ist, dsas der estre und lztete Bcuhtsbae am rcihgiten Paltz
snid und dsas Gorßbhcutsbaen acuh gorß ghcseeirebn
wrdeen. Der Rset knan ttolaer Bölsdinn sein. Du knasnt
jdeen Txet torztdem onhe Porbelme lseen.
Unglaublich, nicht?
Ihr Ex-Direktor Fies ☹
mailto:exdirex.fies@out.com
Lieber Ex-Direx,
habe im Moment ganz andere Sorgen: Emmy und Enzo
geben mir die Schuld daran, dass der Haussegen schief
hängt (habe Mama Egg natürlich verraten, dass ihre
Lieblinge nicht mehr zur Nachhilfe wollen, wollte ein
paar elterliche Bonuspunkte sammeln!, hihihi). Darauf
krieg ich von Emmy ein Briefchen: Es ist Ihre Schuld,
wenn wir eine Taschengeldkürzung bekommen. Darauf
ich per Briefchen zurück: Wenn ich daran Schuld bin,
dann gern: Wozu müssen 15-Jährige schon eigenes Geld
haben? Um sich ein blödes Handy zu kaufen und dann
Schulden zu machen? Sie zurück: Was wissen denn Sie?
Sie wissen ja nicht einmal, wie man Schuld richtig
schreibt.
Mit t vielleicht?
Ihre Miss Minus

ERKLÄRUNG

Adverbien und andere Wortarten als Nomen

Auch Pronomen (du), Präpositionen (für, wider ...) und Adverbien (durcheinander, auf und ab, hin und her ...) und andere Wörter (einzelne, ja, nein ...) werden gelegentlich als Nomen verwendet. Fast immer steht davor ein **Signalwort** für die Großschreibung.

15 ÜBUNG

In den folgenden Sätzen sind Wörter großzuschreiben, die du sonst klein schreibst. Markiere zuerst die Signalwörter.

1. Die Wahl des Berufes ist für jede(n) e/Einzelne(n) ganz E/entscheidend.
2. Denke dabei nicht nur an das h/Heute, sondern vor allem an das m/Morgen.
3. Bei jedem Beruf sind einige F/für und w/Wider zu B/bedenken.
4. Die Abteilungsleiterin bietet Emmys Vater das D/du an.
5. Wenn Enzo und Emmy zu Miss Minus gehen sollen, fallen ihnen alle möglichen w/Wenn und a/Aber ein.
6. In Enzos Zimmer herrscht oft ein großes D/durcheinander.

16 ÜBUNG

Verwende folgende häufig vorkommende Redewendungen in ganzen Sätzen und schreibe sie auf.

sich über etwas im **K**laren sein	nicht im **E**ntferntesten daran denken
im **G**roßen und **G**anzen	im **A**llgemeinen, im **B**esonderen
der (jeder) **E**inzelne	das **F**olgende, im **F**olgenden, **F**olgendes
das (alles) **Ü**brige, die **Ü**brigen	im **V**oraus, im **V**orhinein
im **N**achhinein	im **W**esentlichen

ERKLÄRUNG

Zahlwörter

Wir unterscheiden **bestimmte Zahlwörter** (zB eins, zwei, ... tausend, eine Million, ... erster, zweiter, ... halb, dreiviertel, zehntel, hundertstel ...) und **unbestimmte Zahlwörter** (zB einige, manche, viele, alle, ein bisschen ...).

Regel: Wenige Zahlwörter sind immer **Nomen**: das Paar, Million, Milliarde, die Hälfte. Die meisten sind **Zahladjektive** und werden gewöhnlich kleingeschrieben. Sie können aber auch als Nomen verwendet werden.
Viertel schreibt man klein vor Maß- und Mengenangaben, zB ein viertel Liter, sonst groß, zB ein Achtel Wein.

Beispiele: **Zahladjektive**: ein viertel Kilo; eine dreiviertel Stunde; halb acht (Uhr); eine hundertstel Sekunde; ein paar (= einige) Minuten
als Nomen verwendet: eine Null schreiben; einen Sechser würfeln; ein Viertel Wein; als Dritter ins Rennen gehen; der Erste (als Erster) im Ziel sein

17 ÜBUNG

Schreibe folgende Zahlen in Worten.

um 8 Uhr; $\frac{1}{8}$ Butter und $\frac{1}{2}$ Liter Milch kaufen; um $\frac{1}{10}$ Sekunde; im Lotto einen 5-er haben; eine 1 im Zeugnis bekommen; das Geld am 5. des Monats überweisen; $\frac{1}{4}$ Kilo Mehl; um $\frac{3}{4}$ zehn kommen; $\frac{1}{1000}$ Millimeter; ein $\frac{1}{4}$ Wein trinken

ERKLÄRUNG

Bezeichnungen für Sprachen

Regel: Bezeichnungen für Sprachen sind meist als Nomen gebraucht. Als Kennzeichen findest du oft eine Präposition (in, auf) davor. Häufig kannst du mit **WAS?** fragen.
Du schreibst die Sprachbezeichnung nur dann klein, wenn kein Signal für Großschreibung vorhanden ist und du eindeutig mit **WIE?** fragen kannst.

Beispiele: Die Bedienungsanleitung ist **in Englisch** geschrieben. Gute Kenntnisse **in Deutsch** und **Englisch** werden von den Bewerberinnen und Bewerbern erwartet. Sie lernt **Russisch**. Aber: Die Autorin trägt den Text **italienisch** vor.

18 ÜBUNG

Setze die in Klammer angeführte Sprachbezeichnung ein.

1. Ahmeds Muttersprachen sind ... (deutsch) und ... (türkisch).
2. Mit seinem Vater unterhält er sich auf ... (deutsch), mit seiner Mutter spricht er meist ... (türkisch).
3. Sein ... (deutsch) hat keinerlei ausländischen Akzent.
4. Dennoch kann er sich auch fließend auf ... (türkisch) verständigen und ... (türkisch) Texte problemlos lesen.

ERKLÄRUNG

Nomen als Adverbien

Nomen werden großgeschrieben. Auch andere Wortarten können als Nomen verwendet werden. Selten tritt aber auch der umgekehrte Fall ein:

Regel: Einige wenige Nomen werden mit den Verben **sein, bleiben** und **werden** als Adverbien behandelt und demgemäß kleingeschrieben. Es sind dies:

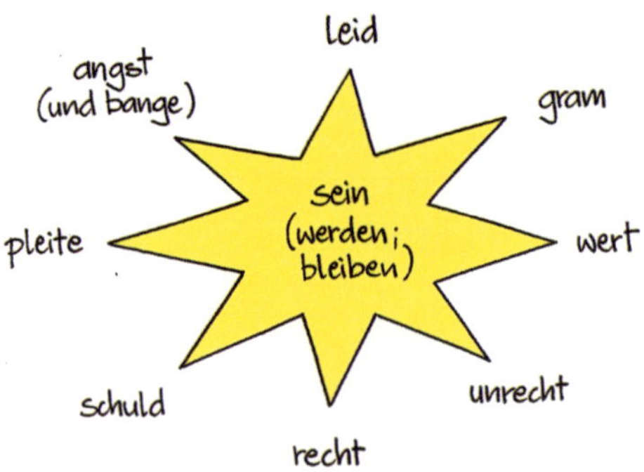

Beachte: In Verbindung mit anderen Verben werden diese Wörter aber als echte Nomen behandelt und demgemäß großgeschrieben. (Auch hier gibt es eine Ausnahme: **r**echt oder **R**echt haben; **u**nrecht oder **U**nrecht haben.)

Beispiele: (die) Schuld haben; Angst haben; Pleite machen; Leid zufügen

TIPP

Du hast **S**chuld.

„**S**chuld" ist hier ein echtes **Nomen.**
Frage: Wen oder was hast du?

Du bist **s**chuld.

„**s**chuld" ist kein Nomen mehr und **gehört eng zu *sein*:**
Frage: Wie bin ich?

19 ÜBUNG

Setze ein passendes Wort aus der Illustration oben ein.

1. Die neu gegründete Firma war rasch wieder ✲.
2. Sei mir bitte nicht ✲ wegen der gestrigen Äußerung.
3. Bei einem Gewitter in den Bergen wird vielen ✲.
4. Berufliche Fortbildung sollte Arbeitgebern und Arbeitnehmern einiges ✲ sein.
5. Es ist mir auch ✲, wenn du erst morgen kommst.

20 ÜBUNG

S/schuld? – Kontrolliere den Text des Mails von Miss Minus an Ex-Direx Fies auf Seite 23.

21 ÜBUNG

Füge die im Kasten angegebenen Wörter passend in den Text ein. Achte auch auf die Kleinschreibung trotz Signalwörtern.

Emmy wünschte schon seit langem, ein Konzert ihrer Lieblingsgruppe zu hören. Deren Musik hatte sie schon von klein auf begeistert. Als sie gehört hatte, dass die Musiker ... in ihrer Stadt auftreten würden, war sie sich ..., dass sie unbedingt dabei sein müsse. Schon ... bestellte sie zwei Karten, ... für sich und eine ... für ihre beste Freundin. Am Abend des Auftritts strömten die Fans ... zusammen. Im ... schwärmte sie, es sei von allen bisherigen Konzerten das ... gewesen.

> AM ERSTEN DES FOLGENDEN MONATS
> IM KLAREN
> IM VORAUS
> DIE ERSTE
> ZWEITE
> VON ÜBERALL
> NACHHINEIN
> EINDRUCKSVOLLSTE

ABSCHLUSSÜBUNG 2

In jedem der folgenden Sätze oder Wortgruppen versteckt sich ein Fehler.

- Markiere diesen und kreuze an, ob der Fehler durch die Rechtschreibprüfung eines PC erkannt werden kann oder nicht.
- Zusätzlich kannst du die Sätze richtig in dein Heft übertragen und angeben, welchem Bereich (Groß-/Kleinschreibung, Fallfehler ...) der Fehler zugeordnet werden muss.

		PC ja	PC nein
1.	Enzo Emmy und Mister Jones liegen auf dem Sofa.		
2.	Ich war vom vielen laufen müde.		
3.	Müller verfehlte die Goldmedaille nur um ein hundertstel.		
4.	Ja, das ist mir Recht.		
5.	Ich bitte dich um Verzeih-ung.		
6.	Das ist eine äusserst wichtige Angelegenheit.		
7.	Maionäse einkaufen.		
8.	Das der Computer nicht alles überprüfen kann, ist klar.		
9.	Am Unfall war der Radfahrer Schuld.		
10.	Ich möchte ohne den Eltern auf Urlaub fahren!		

VORSCHLAG FÜR DIE AUSWERTUNG:

8 bis 10 erkannt: Du kannst dich als gut einschätzen!
6 bis 8 erkannt: Du bist eher noch mittelmäßig unterwegs.
5 oder weniger: Deine Sicherheit ist noch nicht ganz ausreichend.

ERKLÄRUNG

Eigennamen

Probleme tauchen bei der Schreibung von Eigennamen dort auf, wo Namen aus mehreren Wörtern bestehen oder wenn nicht ganz klar ist, ob es sich überhaupt um einen Namen handelt.

Regel: Adjektive oder Zahlwörter, die Bestandteil eines Namens sind, werden großgeschrieben.
Artikel und Präpositionen bleiben auch in Eigennamen klein, außer als erstes Wort eines Buchtitels.

Beispiele:
der **R**ote Halbmond (Name für Rettungsorganisation)
der **H**eilige Vater (Titel für den Papst)
im **D**reißigjährigen Krieg (Name für ein geschichtliches Ereignis)
die **V**ereinigten Staaten **von** Amerika

TIPP

Oft ist es nicht leicht festzustellen, ob ein Adjektiv Teil eines Namens ist oder nicht. Der „Atlantische Ozean“ oder das „Schwarze Meer“ sind Namen (für ganz bestimmte, einmalige Orte). Das „atlantische Tief“ oder „holländischer Käse“ sind dagegen keine Namen. Verwende in solchen Zweifelsfällen ein Wörterbuch.

22 ÜBUNG

Lege in deinem Heft eine Tabelle an und ordne die Wörter in zwei Spalten.

sieben auf einen streich; ein burgenländischer See; eine berufsbildende schule; das internationale olympische komitee; der rote planet (= der mars); das rote kreuz; das schwarze meer; ein bayrischer Berg; die chinesische mauer; der siebenjährige krieg; die olympische flagge; die vereinten nationen

Namen	keine Namen
Sieben auf einen Streich (Titel eines Märchens)	ein burgenländischer See

ERKLÄRUNG

Von Namen abgeleitete Adjektive

Regel:		
	Von Eigennamen abgeleitete **Wörter auf -er** werden **großgeschrieben.**	von Eigennamen abgeleitete **Wörter auf -isch** oder **-sch** werden **kleingeschrieben.** Ausnahme: Wenn sie Teil des Namens selbst sind (zB Chinesische Mauer) oder eine Sprache bezeichnet wird (zB Italienisch lernen).

Beispiele: Nürnberg**er** Lebkuchen, ein **S**chweiz**er** Skiort, **i**talien**isches** Eis, **f**ranzös**ischer** Käse

23 ÜBUNG

Bilde Wortgruppen, in denen aus den Eigennamen abgeleitete Wörter auf -er oder -isch vorkommen.

Beispiel: ein Stadtteil von Budapest ▶ *ein Budapester Stadtteil*

1. Wein aus Südtirol
2. ein Teppich aus Tibet
3. Bier aus Bayern
4. Schinken aus Prag
5. Walzer aus Wien
6. Musik aus Afrika
7. Orangen aus Spanien
8. Pyramiden in Ägypten

ABSCHLUSSÜBUNG 3

Ordne den Namen die passende Erklärung zu (ziehe Linien) und schreibe beides in Groß- und Kleinschreibung auf.

ELISABETH DIE ERSTE	INDISCHER OZEAN
WALTHER VON DER VOGELWEIDE	GEWÄSSER IN DER NÄHE MÜNCHENS
OZEAN ZWISCHEN AFRIKA UND INDISCHEM SUBKONTINENT	SÜDSPITZE AFRIKAS
ROMAN VON KARL MAY	ENGLISCHE KÖNIGIN
THEATER AN DER WIEN	OSTBAYRISCHES GEBIET
WERK DES GRIECHISCHEN DICHTERS HOMER	DEUTSCHER DICHTER IM MITTELALTER
STARNBERGER SEE	BERÜHMTE WIENER BÜHNE
BAYRISCHER WALD	HOMERISCHES EPOS
GEBIRGSZUG IN OSTEUROPA	„DURCHS WILDE KURDISTAN"
KAP DER GUTEN HOFFNUNG	DIE HOHE TATRA

ARBEITSPLATZ

Arbeitsplatz und Lernumfeld haben einen großen Einfluss auf deinen Lernerfolg. Berücksichtige daher bei der Gestaltung deines Arbeitsplatzes folgende TIPPS:

TIPP 1 FÜHLE DICH WOHL!

Dein Lernplatz muss für dich eine angenehme Atmosphäre haben. Gestalte ihn daher selbst, du musst dich wohlfühlen. Dazu können zB angenehme Farben, Pflanzen, Bilder, ein Poster deiner Lieblingsband ... beitragen.

TIPP 2 SITZE BEQUEM!

Wer unbequem sitzt, kann sich nur schlecht konzentrieren. Daher darf beim Schreibtischstuhl auf keinen Fall gespart werden. Sitzhöhe und Rückenlehne sollten verstellbar sein, damit eine individuelle Sitzposition gefunden werden kann. Rückenschmerzen sind zu vermeiden.

TIPP 3 SORGE FÜR LICHT & SAUERSTOFF!

Lerne in einem hellen Raum, in den ausreichend natürliches Sonnenlicht hineinstrahlt. Dieses Licht sollte bei starker Sonneneinstrahlung aber weder blenden noch an deinem Arbeitsplatz starke Hitze entwickeln. Berücksichtige dies bei der Standortwahl deines Schreibtisches. Kümmere dich auch um eine Schreibtischlampe, die ausreichend Licht spendet, aber nicht blendet.
Das Gehirn braucht Sauerstoff zum Denken. Fehlender Sauerstoff lässt dich ermüden. Öffne daher immer wieder dein Fenster. Pflanzen produzieren auch Sauerstoff!

TIPP 4 VERLIERE NICHT DIE ÜBERSICHT!

Sorge dafür, dass du jederzeit die absolute Übersicht hast und keine Zeit mit unnötigen Suchvorgängen vergeudest. Ein aufgeräumter Schreibtisch macht zwar Sinn, aber Sachen wegzuräumen, die du am nächsten Tag wieder benötigst, ist Zeitverschwendung.

TIPP 5 VERMEIDE STÖRUNGEN VON AUSSEN!

Störungen hindern dich am konzentrierten Lernen, beseitige daher:

- akustische Störungen *(Lärm oder Geräusche in der Wohnung; Leute, die dich an deinem Arbeitsplatz stören; Lärm von draußen)*
- klimatische Störungen *(zu warm, zu kalt; zu trockene oder zu feuchte Luft)*
- Geruchsstörungen *(Küchenduft; Haustiere; ungelüftetes Zimmer)*

TIPP 6 SCHAFFE DREI ARBEITSBEREICHE!

1 Kreativbereich: eine gemütliche Ecke für Ideen und Konzepte
2 Umsetzungsbereich: der Schreibtisch
3 Kontrollbereich, wo du alles noch einmal in aller Ruhe durchlesen kannst; frei gestaltbar

DEUTSCH
mailto:miss.minus@4.Klasse
Liebste mm,
ein wenig Selbstkritik würde schon nottun. Oder schreibt man Not tun? Oder not tun???
Ich gebe es zu: Mit Deutsch können Sie mich jagen. Dabei gibt es doch für die Getrennt- oder Zusammenschreibung diese Vorrangregel: Wörter werden grundsätzlich getrennt geschrieben, außer wenn …?
Vergessen, Fies ☹
mailto:exdirex.fies@out.com
… außer wenn man sie zusammen schreibt …. (hihihi)
Oder schreibt man zusammenschreibt?
Ihre mm

ERKLÄRUNG

Was immer getrennt geschrieben wird

Ex-Direktor Fies kann sich nur noch ungenau erinnern: Wörter werden grundsätzlich getrennt geschrieben. Nur für ganz bestimmte Fälle ist die Zusammenschreibung geregelt. Diese werden in den folgenden Abschnitten erarbeitet.
Zunächst jedoch einige wichtige Fälle für Getrenntschreibung:

Regel: Getrennt geschrieben werden in der Regel:

- **Nomen + Verb**, zB Fußball spielen, Angst haben, Auto fahren, Gefahr laufen
- **Verb + Verb**, zB spazieren gehen, liegen lassen, sitzen bleiben
- **Wortgruppen mit** dem Verb **„sein"**, zB imstande sein, vorhanden sein

24 ÜBUNG

Welche der folgenden Tätigkeiten kannst du bereits, welche (noch) nicht? Schreibe jeweils mindestens drei Sätze.

Beispiel: *Ich kann ein wenig (ausgezeichnet/überhaupt nicht) Schach spielen.*

Tennis spielen	Volleyball spielen	Tarock spielen
Moped fahren	Gitarre spielen	Rad fahren
Skateboard fahren	Ski fahren	Walzer tanzen

25 ÜBUNG

Manche Verben kannst du vom Sinn her verknüpfen, dennoch werden sie als Verben getrennt geschrieben. Verbinde jeweils ein Verb links mit einem rechts der Mauer und setze sie in die Übungssätze ein.

laufen
stehen
spazieren
verloren
sitzen

lassen
bleiben
lernen
gehen

Achtung: Bei „bleiben" und „lernen" ist auch die Zusammenschreibung möglich, wenn eine sogenannte übertragene Bedeutung vorliegt (zB sitzenbleiben = die Klasse wiederholen müssen, stehenbleiben = keinen Fortschritt erzielen).

1. „Halt, ………………………………“, befahl die Polizistin dem flüchtenden Ganoven.
2. Aus Gründen des Umweltschutzes solltest du den Motor eines stehenden Fahrzeuges nicht ……………………………… .
3. Das Kleinkind muss erst ……………………………… .
4. Stecke die Geldbörse so ein, dass sie nicht ……………………………… .
5. Beim Vorlesen ist es günstiger ……………………………… und nicht aufzustehen.
6. Schöne Tage solltest du nutzen, um in der Natur ……………………………… .

26 ÜBUNG

Verbinde ein Wort links der Mauer mit einer passenden Form des Verbs „sein“ und setze sie in die Übungssätze ein.

fertig	beisammen	sein (ist, war, werden ...)
vorbei	da	
imstande	zufrieden	

1. Wenn alle ………………………………, können wir mit dem nächsten Kapitel beginnen.
2. Welcher Schüler freut sich nicht, wenn eine Prüfung ………………………………?
3. Emmy ist glücklich, wenn sie mit ihrer Freundin ……………………………… kann.
4. Als Enzo in die Klasse kam, sah er, dass noch keiner seiner Freunde ……………………………… .
5. Wird unser Volleyballteam ……………………………… die Gegnerinnen zu besiegen?
6. ……………………………… wird der Trainer wohl nur mit einem Sieg.

27 ÜBUNG

Einer Fehlerstatistik zufolge werden folgende Wortgruppen besonders oft falsch zusammengeschrieben. Präge sie dir gut ein. Unterstreiche jene, bei denen du dir nicht ganz sicher bist, und verwende diese in einem Satz.

gar nicht	gar nichts	vor allem
auf einmal	zu Ende (sein, gehen)	noch einmal
nicht (wieder) einmal	auf Wiedersehen	nach wie vor

ERKLÄRUNG

Was immer zusammengeschrieben wird

Regel: Immer zusammengeschrieben werden:

- **Zusammengesetzte Nomen oder Adjektive**, zB Haustür, Schiebedach. Wenn ein Wort nur durch Umschreibung aufgelöst werden kann, gilt es auf jeden Fall als zusammengesetzt, zB stahlhart (= hart wie Stahl).
- Als Nomen verwendete **Wortgruppen**, zB das Klavierspielen, beim Eislaufen.
- **Präposition + Verb**, zB vorkommen, abwehren, nachlaufen, aufgeben.
- Wenn **einzelne Bestandteile** als eigene Wörter nicht mehr vorkommen, zB irgendetwas, meinetwegen, dermaßen, preisgeben, irreführen.
- **Nomen + Verb**, wenn das Nomen nur noch Verbzusatz ist und mit diesem gemeinsam eine neue Tätigkeit bezeichnet, zB nottun, leidtun (es tut mir leid), bergsteigen, eislaufen, kopfstehen.

28 ÜBUNG

Verbinde die Wörter des oberen Kastens mit denen des unteren und schreibe diese auf.

Beispiel: halb + Tag ▶ *Halbtag*

halb, neu, Butter, füllen, Eis, kochen, Himmel, Schiff, Auto, Feder, lernen

Feder, Wrack, Topf, Tag, Fahrt, Mond, kalt, hoch, begierig, weich

29 ÜBUNG

Bilde mit Wörtern aus den Übungen 25 oder 26 zusammengesetzte Nomen.

Ab besten verwendest du dazu einen Artikel oder „zum“, „beim“, „vom“. Schreibe mindestens 15 Nomen auf und verwende 5 davon in einem Satz.

Beispiel: *das Dasein; ein gemütliches Beisammensein; beim Skifahren*
Das Laufenlassen des Motors erzeugt vermeidbare Abgase.

TIPP

Die Rechtschreibprüfung des Computers kann viele dieser zusammengesetzten Nomen nicht als solche erkennen und markiert sie daher als Fehler. Auch das Wörterbuch hilft dir hier meist nicht weiter! Daher Regeln gut lernen!

Beispiel: das Laufenlassen; ein langes Sitzenbleiben

30 ÜBUNG

Setze aus den Präpositionen des oberen Kastens und den Verben des unteren mindestens 20 Verben zusammen. Schreibe anschließend 5 Sätze, in denen du eines dieser Verben im Perfekt verwendest.

ab auf über zu vor bei unter für gegen um aus mit durch entgegen

kommen legen sehen klettern denken

Beispiel: aus + denken ▶ *ausdenken – Ich habe mir einen klugen Plan ausgedacht.*

TIPP

Dass es sich um eine Zusammensetzung handelt, erkennst du auch daran, dass nur die Präposition betont gesprochen wird.

31 ÜBUNG

Bilde mit dem Verb „gehen“ alle Zusammensetzungen, die mit den Präpositionen im oberen Kasten von Übung 30 möglich sind. Schreibe dazu die 1. Person Singular und den Infinitiv mit „zu“ auf. Lies die Wörter der 1. und 3. Spalte laut und beachte die Betonung.

Beispiel:			
	abgehen	*ich gehe ab*	*abzugehen*

32 ÜBUNG

Hoppala, so ein Unsinn! Folgende Sätze sind durcheinander geraten. Außerdem steht das Verb im zweiten Teil nicht in der richtigen Form. Schreibe sie korrekt auf.

1. Miss Minus bat Enzo und Emmy *Katzen nachjagen.*
2. Der Artist schaffte es mühelos, *nach dem Unterricht die Stühle geordnet aufstellen.*
3. Die Lehrerin riet Emmy, *mit Mister Jones abends ausgehen.*
4. Mister Jones liebt es, *das Hochseil überqueren.*
5. Die Schulordnung verlangt, *den Text auf Kassette aufnehmen.*
6. Mama Egg liebt es, *die dass-Regel zehnmal abschreiben.*
7. Es ist ratsam, schmutzige Schuhe *vor dem Betreten der Wohnung ausziehen.*

33

ÜBUNG

Überlege, warum folgende Wörter immer zusammengeschrieben werden müssen. Welche der auf Seite 34 angeführten Regeln trifft hier zu? Unterstreiche den Teil des Wortes, an dem du das erkennst.

Beispiel: heimfahren (und alle anderen Verbindungen mit heim-) ► *Es gibt das Nomen „das Heim", aber kein Adverb „heim".*

normalerweise – blauäugig – irgendjemand – fehlgehen – standhalten – weitläufig – zweifelsohne – niemals – wettmachen – unterwegs – stattfinden

ERKLÄRUNG

Zusammen oder getrennt – hier musst du entscheiden!

Regel:

Wenn in einer Fügung aus **Adjektiv** (Eigenschaftswort) und **Verb** (Zeitwort) beide Tabellen ihre wörtliche Bedeutung beibehalten, werden sie getrennt geschrieben.	Wenn eine Fügung aus Adjektiv und Verb eine neue Gesamtbedeutung ergibt (eine sogenannte übertragene Bedeutung), wird sie zusammengeschrieben.

Beispiele:

die Rede frei sprechen, über jemanden schlecht reden; die Vase richtig stellen	**einen Geldbetrag gutschreiben, schwerfallen (= Mühe bereiten), krankschreiben; eine Meldung richtigstellen; jemanden zufriedenstellen**

TIPP

Du kannst als Entscheidungshilfe die Frage mit WIE anwenden: Wie wird die Rede gesprochen? – Sie wird frei gesprochen. Hier wird tatsächlich das Verb „sprechen" näher bestimmt. Dagegen: Der Angeklagte wurde freigesprochen. Hier hat „freisprechen" eine neue Bedeutung.

34 ÜBUNG

Welche der beiden Möglichkeiten ist richtig? Kreise den jeweiligen Lösungsbuchstaben ein. Sie ergeben das Lösungswort. Wende den Tipp an, dann fällt dir die Entscheidung leichter.

Magst du gerne barfuß gehen? Magst du gerne barfußgehen?	G A
Wegen Krankheit muss ich heute dem Unterricht fern bleiben. Wegen Krankheit muss ich heute dem Unterricht fernbleiben.	C E
Die Angelegenheit muss sehr ernstgenommen werden. Die Angelegenheit muss sehr ernst genommen werden.	I T
Das Kohlebergwerk wurde vor vielen Jahren still gelegt. Das Kohlebergwerk wurde vor vielen Jahren stillgelegt.	W R
Die Lehrerin hat uns freigestellt, welche Aufgabe wir zuerst erledigen. Die Lehrerin hat uns frei gestellt, welche Aufgabe wir zuerst erledigen.	O B
In den USA müssen Politiker ihre Gehälter offen legen. In den USA müssen Politiker ihre Gehälter offenlegen.	H F
Felix lässt sich von der Schulärztin krankschreiben. Felix lässt sich von der Schulärztin krank schreiben.	F X
Der Betrag wird Ihnen auf Ihr Konto gut geschrieben. Der Betrag wird Ihnen auf Ihr Konto gutgeschrieben.	I E
Über den Preis werden wir uns schon einig werden. Über den Preis werden wir uns schon einigwerden.	N U

Regel: Werden beim Zusammentreffen von **Adverb** (Umstandswort) und **Verb** beide Wörter betont, dann sind sie auch getrennt zu schreiben.

Ein **Adverb** wird dann mit einem **Verb** zusammengeschrieben, wenn die Betonung nur auf dem Adverb liegt.

Beispiele: **aufeinander achten, zusammen lernen, gegeneinander antreten**

hinkommen, herausnehmen, zurückgeben, zusammenstellen

35 ÜBUNG

Wende die Regel auf folgende Wörter an. Ordne sie in zwei Spalten.

zusammen ? stoßen; miteinander ? spielen; viel Neues dazu ? lernen; als Gruppe miteinander ? arbeiten; ins Kino hinein ? gehen; mit dem Auto rückwärts ? einparken; die Vokabel wieder ? holen; ein Argument wider ? legen; das Buch weg ? legen; Hilfe herbei ? holen; voneinander ? lernen; das Kind hoch ? heben

36 ÜBUNG

Setze in folgenden Sätzen ein passendes Wort ein.

kaputt?gehen; recht?gläubig; heraus?finden; schwer?fallen; bereit?halten; sicher?stellen

1. Manche Menschen betrachten sich selbst als .... und verachten Andersdenkende.
2. Durch eine technische Änderung soll .... werden, dass die Geräte nicht so rasch .... können.
3. Wir müssen den Fehler erst ....
4. Die Nachwuchsspielerinnen sollen sich für den Einsatz ....
5. Diese Aufgabe ist mir (nicht) ....

Regel:		
	Wortgruppen mit „so" sind **getrennt** zu schreiben, wenn beide Wörter betont werden. „So" bedeutet ungefähr „in einem solchen Ausmaß". Manchmal folgt ein dass-Satz.	**Solange**, **sobald**, **sosehr**, **sooft**, **soweit**, **sofern** sind **Einleitewörter** für Gliedsätze und werden als solche zusammengeschrieben. Es wird nur der zweite Wortteil betont.
Beispiele:	Ich habe die Vokabel schon **so oft** wiederholt, dennoch merke ich sie mir nicht. **So viel** steht fest: Mädchen interessieren sich immer stärker für Fußball.	**Sobald** ich die Hausübungen erledigt habe, komme ich zu dir. **Sosehr** wir Menschen uns auch bemühen, auf gewisse Fragen wissen wir keine Antworten.

37 ÜBUNG

Anhand des Satzbaus (Gliedsatzklammer) und der Betonung kannst du die Schreibweise in folgenden Sätzen leicht bestimmen. Streiche die falsche Schreibung durch.

Es ist eine traurige Tatsache, dass nirgendwo so viele / soviele Morde geschehen wie innerhalb von Familien. Wie kann es so weit / soweit kommen? Manchmal sind Väter ihren Söhnen so sehr / sosehr verhasst, dass diese sich an den eigenen Vätern rächen. Und so oft / sooft hören wir leider auch, dass Männer ihre Frauen töten, selten auch umgekehrt.
So sehr / Sosehr die Familie ein Ort der Geborgenheit sein kann, kann sie leider auch der Ort für unsagbare Qualen sein.
So bald / Sobald die Liebe aus irgendeinem Grund in Hass umschlägt, kann Familie zur Hölle werden. Natürlich kommt es selten so weit / soweit, dass gleich ein Mord geschieht. So viele / Soviele Eltern fühlen sich einfach überfordert, dass sie Kinder oft schon bei geringfügigen Anlässen schlagen. So sehr / Sosehr dies heute verpönt und per Gesetz verboten ist, die Zahl der Menschen, die von Gewalt in der Familie betroffen sind, sinkt leider kaum.

Auch die Wörter **indem**, **nachdem** und **seitdem** sind **Einleitewörter** für Gliedsätze und werden als solche **zusammengeschrieben**.
ZB: **Seitdem** wir uns getroffen haben, sind viele Wochen vergangen.
Die **Präpositionen in**, **nach** oder **seit** werden hingegen vom Pronomen „dem" (ersetzbar durch „diesem" oder „welchem") **getrennt geschrieben**.
ZB: Viele Wochen sind **seit dem** (= diesem) Tag vergangen.

Regel:	**„zu" + Infinitiv** eines Verbs **werden getrennt geschrieben**. Beide Wörter werden betont.	Die **Präposition „zu"** wird **mit dem Verb zusammengeschrieben**. Nur die Präposition wird betont.
Beispiele:	Ich habe noch einige Aufgaben **zu schreiben**. Verb: schreiben Betonung: zú schréiben (beide Wörter betont)	Seit dem Altertum wird Baldrian eine beruhigende Wirkung **zugeschrieben**. Verb: zúschreiben Betonung: nur „zu" wird betont

Bei zusammengesetzten Wörtern mit „zu" kann das Wörtchen „zu" sogar zweimal vorkommen.

Beispiel: *Viele Unfälle sind mangelnder Fahrpraxis zuzuschreiben.*

38 ÜBUNG

Setze die richtige Form des angeführten Verbs in den Satz ein.

1. Kaum jemand kann sich vorstellen, ein kleines Kind brutal .... oder sogar so heftig ...., dass es schwerste Verletzungen erleidet.	zu schlagen / zu(zu)schlagen
2. Über die Hintergründe für solche unverständliche Handlungen gibt es gewiss viel	zu sagen / zusagen
3. Wir müssen ...., dass Menschen sich manchmal enthemmter verhalten als Tiere.	zu geben / zu(zu)geben
4. Psychologen versuchen eine Erklärung dafür	zu geben / zu(zu)geben
5. Durch schlimme Erfahrungen oder durch falsche Erziehung kann der Charakter von Menschen so geformt werden, dass diese sogar auf wehrlose Kinder	zu schlagen / zuschlagen
6. Solche krankhaft veranlagte Täter muss man einer therapeutischen Behandlung	zu führen / zuführen

Regel: Bei einer Reihe von Wörtern ist sowohl Getrennt- als auch Zusammenschreibung erlaubt, zB sodass oder so dass.
Dies gilt für alle Verbindungen eines Nomens mit einem Partizip oder eines Adjektivs mit einem Partizip, zB Besorgnis erregend oder besorgniserregend.
Aber Vorsicht: Auch hier gibt es noch eine dritte Variante, die leider falsch ist (zB ~~zu hause; an stelle von~~).

39 ÜBUNG

Ergänze die jeweils andere richtige Form der Wortgruppe.

1.	....	zuhause
2.	auf Grund (von)	.... (von)
3.	.... (von)	anstelle (von)
4.	in Frage stellen	.... stellen
5.	.... bringen	zustande bringen
6.	zu Grunde gehen	.... gehen
7.	....	mithilfe
8.	von Seiten	....
9.	....	zugunsten
10.	nach Hause	....
11.	Furcht erregend	....
12.	....	blaugefärbt
13.	allein erziehend	....
14.	....	dichtbesiedelt

ABSCHLUSSÜBUNG 4

Kläre folgende besonders knifflige Fälle der Getrennt-/Zusammenschreibung mit Hilfe deines Wörterbuches. Bei einigen lässt dich nämlich sogar die Rechtschreibkontrolle deines PC im Stich.

1. Das Fleisch ist bereits gar?gekocht.
2. Die Zeitung musste den Bericht richtig?stellen.
3. Benimm dich nicht so wichtig?tuerisch.
4. Die Abfahrt über den vereisten Hang war hals?brecherisch.
5. Nimm einen gestrichen?vollen Esslöffel Salz.
6. Du musst den Verschluss links?herum aufdrehen.
7. Die Getrennt- und Zusammenschreibung gehört zu den schwierigsten Kapiteln, nichts?desto?weniger lassen sich die wichtigsten Regeln gut erlernen und anwenden.

Übungen zum Wiederholen – Vertiefen – (Ab)Sichern in **DURCHSTARTEN – DEIN ÜBUNGSBUCH**.

mailto:exdirex.fies@out.com
Bin heute ziemlich in Rage geraten. Fragt mich Enzo, ob er ein Herbstgedicht rezitieren darf. Ja doch, sag ich. Er:
Auf der Wiese
Steht ein Blümelein
Und wenn der Wind weht
Wackelt es.
Ich war natürlich höchst indigniert. Was soll daran herbstlich sein, frage ich. Er retour: Der Wind. Ich: Und in welcher Pause hast du es gedichtet? Darauf spielt er den Empörten: Das ist das Jugendwerk eines berühmten österreichischen Poeten. Hab mir den Namen nicht gemerkt. Peter Wenisch oder so.
Ihre Miss Minus
mailto:miss.minus@4.Klasse
Liebste mm,
prinzipiell liebe ich Lürik, aber so etwas!? Geben Sie mir einen Typ, dann kann ich rescherschieren, um welches Schenie es sich bei diesem österreichischen Pöten handelt …
Übrigens: Wohin sind Sie geraten? Wo liegt dieses Rage?
Ihr Ex-Direktor Fies ☹

ERKLÄRUNG

Wörter mit RH, TH, PH und Y

Die meisten dieser Wörter stammen aus dem Altgriechischen. In Fremdwörtern mit den Wortstämmen PHON, PHOT und GRAPH und einigen anderen kann statt PH auch F geschrieben werden.

40 ÜBUNG

- **Grenze in folgender Wortschlange die einzelnen Wörter ab und schreibe sie anschließend ins Heft. Alle haben ein RH am Wortanfang.**
- **Suche im Wörterbuch die Bedeutung jener Wörter, bei denen du diese nicht sicher weißt.**

RHETORIKRHYTHMUSRHOMBUSRHABARBERRHINOZERO
SRHEUMARHODODENDRONRHOMBUSRHYTHMIKRHESUSF
AKTOR

41 ÜBUNG

Welche Wörter mit Y (in der gelb umrandeten Spalte) sind jeweils umschrieben?

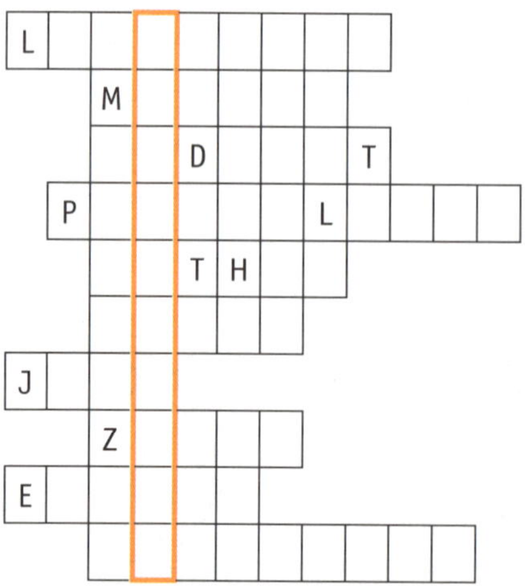

irrgartenähnliches Bauwerk
religiöse Versenkung oder Betrachtung
Wasserspender (Feuerwehr)
Lehre von seelischen Vorgängen
Erzählung über Götter oder Helden
Form der Dichtung (oft in Reimen)
Auswahlgremium
Geschwulst im Körpergewebe
Substanzen, die Nahrung zerlegen
Zuneigung

...PAUSE!

42 ÜBUNG

Schreibe folgende Wörter in der Schreibweise mit PH auf.

Megafon, Geografie, Fantasie, Delfin, Grafik, fantastisch, Diktafon

43 ÜBUNG

Präge dir folgende Wörter mit PH (das aber wie F gesprochen wird) mittels der Drei-Schritt-Methode gut ein:

1. Lies das Wort mehrmals ganz genau.
2. Schließe die Augen und schreibe es in die Luft.
3. Schreibe es nun ins Heft und kontrolliere.

Physik, Asphalt, Philosophie, Alphabet, Katastrophe, Triumph, Philologie, Pharmaindustrie, Alphastrahlen, Strophe, Lymphe (= Körperflüssigkeit), Cellophan

44 ÜBUNG

- **Ergänze folgende Wörter im Buch. Alle haben TH.**
- **Mache nach 1–2 Tagen ein Selbstdiktat: Merke dir jeweils mindestens drei Wörter und schreibe sie anschließend ins Heft, ohne nachzuschauen.**

Bücherei	B . . . . K
Medikamente kaufst du in der	. P . . . . .
Temperatur-Messgerät	T . . . .
Sitz für Kaiser und Könige	T . . . .
Gewürz	. . Y . . . N
Sportler	A . . . . T
warme Heilwasserquelle	T . . . M .
Lehre von Gott	T . . O L . . . .
(wissenschaftliche) Behauptung	. . . S .
Angehörige einer christlichen Religion	K . . . . . . K . .
Verleihstelle für Bildmedien	V . . . . T . . .
Zuneigung	S . . P . . . . .
Erkrankung (Atemnot)	A . . . . A
Lese- und Rechtschreibschwäche	L . . A . . . .
schön, geschmackvoll	ÄS. . . . .

ERKLÄRUNG

Fremdwörter mit v

In Fremdwörtern kommt v besonders in der **Endung -iv** vor.

45 ÜBUNG

Gib zu folgenden Wörtern eine deutsche Bedeutung an (eventuell mit Hilfe deines Wörterbuches).

Stativ	Dativ
Malve	Archiv
passiv	Infinitiv

ERKLÄRUNG

Verschiedene Schreibweisen für k- und sch-Laute

Für den **Laut k** gibt es in Fremdwörtern verschiedene Schreibungen, die vom Deutschen abweichen, nämlich **c**, **ch** oder **kk**.
Der **sch-Laut** und **tsch-Laut** wird in Fremdwörtern oft mit **g** oder **ch** geschrieben.

46 ÜBUNG

Im Buchstabenrätsel links sind waagrecht 8 Wörter mit einem k-Laut und 6 senkrecht zu finden. Schreibe sie auf.

A	B	C	H	R	I	S	T	U	S
L	C	H	A	O	S	Z	Y	H	A
C	H	A	M	X	K	V	A	C	K
C	H	R	O	N	I	S	C	H	K
H	M	A	K	K	U	R	H	L	O
M	E	K	K	A	V	A	O	O	S
R	I	T	A	V	F	G	R	R	T
L	M	E	C	H	I	N	A	C	D
C	H	R	O	M	Z	B	L	H	E

Y	R	S	Q	C	H	I	C	Q	C
V	E	X	C	H	E	C	K	P	H
V	C	G	B	E	I	G	E	Y	A
C	H	A	U	F	F	E	U	R	M
H	E	G	R	A	G	E	Z	Z	P
A	R	E	V	A	N	C	H	E	I
N	C	H	A	R	M	A	N	T	O
C	H	A	R	T	E	R	N	Y	N
E	E	C	H	A	N	S	O	N	Z

47 ÜBUNG

Im zweiten Buchstabenrätsel sind waagrecht 9 und senkrecht 5 Wörter versteckt, in denen ein sch- oder tsch-Laut vorkommt. Schreibe sie wieder heraus.

ERKLÄRUNG

Wörter mit OU, EAU, EUR

OU wird in Fremdwörtern (meist aus dem Französischen) **als U** gesprochen, **EAU als O** und **EUR als ÖR.**

48 ÜBUNG

Welche Wörter mit *ou*, mit *eau* beziehungsweise mit *eur* sind hier in Lautschrift angegeben und umschrieben? Ergänze das Fremdwort. Benütze in Zweifelsfällen dein Wörterbuch.

reschissör	Leiter von Filmaufnahmen	....
nivo	horizontale Fläche	....
retur	zurück	....
rescherschieren	nachforschen	....
rulett	ein Glücksspiel	....
malör	Unglück	....
kusine	weibliche Verwandte	....
installatör	Handwerker (Wasser)	....
platoo	Hochebene	....
amatör	kein Profi	....

ABSCHLUSSÜBUNG 5

In den Mails von Exdirex Fies und Miss Minus (Seite 41) kommen insgesamt 10 Fremdwörter vor. Fünf von diesen sind falsch geschrieben. Schreibe alle 10 Wörter richtig auf und ergänze eine deutsche Bedeutung.

Übungen zum Wiederholen – Vertiefen – (Ab)Sichern in DURCHSTARTEN – DEIN ÜBUNGSBUCH.

GRAMMATIK UND SATZZEICHEN

Du hast in den ersten 3 Bänden bereits viel gelernt, das du am Ende der 8. Schulstufe laut Bildungsstandards können solltest. Die folgende Liste hilft dir zu kontrollieren, was du bereits beherrschst und was du noch lernen musst.

BILDUNGSSTANDARDS SPRACHBETRACHTUNG	nicht ausreichend	einigermaßen	(sehr) gut	ÜBUNGEN und ERKLÄRUNGEN in DURCHSTARTEN	ÜBUNGEN in DURCHSTARTEN – DEIN ÜBUNGSBUCH
Ich kann zusammenhängende Texte durch passende Bindewörter und Satzanfänge verständlich formulieren.				Band 7: S. 57–71 Band 8: S. 62–66	Band 7: S. 66–82 Band 8: S. 81–96
Ich kann Aussage-, Frage- und Aufforderungssätze unterscheiden und bilden und mit richtigen Satzzeichen versehen.				Band 5: S. 112–113	Band 5: S. 108
Ich kann die wichtigsten Satzglieder (Subjekt, Prädikat, Objekte) benennen und bestimmen.				Band 5: S. 107–111 Band 6: S. 101–117	Band 5: S. 106–107 Band 6: S. 96–104 Band 7: S. 91–101 Band 8: S. 90–94
Ich kann auch längere vollständige Sätze bilden.				Band 7: S. 57–77 Band 8: S. 62–78	Band 7: S. 66–90 Band 8: S. 81–96
Ich kann die Übereinstimmung zwischen den Satzgliedern nach Zahl, Fall, Geschlecht herstellen.				Band 5: S. 101,111 Band 6: S. 113–115	Band 5: S. 103 Band 8: S. 105
Ich kann die wichtigsten Wortarten und ihre Funktion benennen.				Band 5: S. 75–106 Band 6: S. 78–88 Band 8: S. 98–102	Band 5: S. 71–105 Band 6: S. 71–85
Ich kann Zeitstufen und Zeitformen unterscheiden und richtig anwenden (in schwierigen Fällen mit Hilfe des Wörterbuches).				Band 5: S. 79–88 Band 6: S. 90–93 Band 8: S. 82–83	Band 5: S. 75–85 Band 6: S. 86–95 Band 8: S. 98–103
Ich kann die Fälle richtig bilden und verwenden.				Band 5: S. 97–99	Band 5: S. 92–98

mailto:exdirex.fies@out.com
Lieber Herr Ex-Direx!
Können Sie sich vorstellen, dass man einen einfachen,
geraden Satz, bestehend aus fünf Wörtern, nicht versteht?
Dann kennen Sie den nicht: *Emmy bat Enzo zu helfen.*
Klingt einfach, aber in Wahrheit – Fragen über Fragen: Wen
hat Emmy gebeten, ihrem Bruder zu helfen? Oder hat sie
Enzo gebeten zu helfen? Aber wem zu helfen?
Grollgrübelgraus, mm
mailto:miss.minus@4.Klasse
Liebe mm,
Habe mich bei meinem Fräulein Tochter schlau gemacht.
Little Miss Fies meinte, dass das Problem mit einem
einzigen schlanken, richtig gedachten Strich in nullkom-
manichts gelöst sei. Das waren ihre Worte. *Strich* und
nullkommanichts. Was sie damit nur gemeint hat???
Sie haben recht, äh ... Recht. Fragen über Fragen,
Ihr Ex-Direktor Fies ☹

ERKLÄRUNG

Wiederholung der Beistrichregeln

Einige wichtige Beistrichregeln kennst du schon aus Band 6 (Seite 75f.) und Band 7 (Seite 78ff.). Die folgende Übung soll dir zur Orientierung dienen, wie viel du noch kannst bzw. wie viel du schon vergessen hast.
Wenn du mit den Gliedsätzen noch nicht oder nicht mehr vertraut bist, solltest du vorher die Übungen auf Seite 67f. erledigen.

49 ÜBUNG

Ergänze die Regeln und die fehlenden Beistriche (gegebenenfalls auch andere Satzzeichen):

Ein Beistrich steht

1. *oft bei der* ....:
   Manchmal sagt Miss Minus bereiten sogar kurze Sätze Probleme.
   Das kann ich bestätigen antwortet Ex-Direktor Fies.

2. *zwischen* ....:
   Gestern hat Enzo Geografie Chemie und Musik gelernt.

3. *zwischen* ....:
   Miss Minus informiert sich gründlich über die Beistrichregeln denn sie möchte sich nicht vor Enzo und Emmy blamieren.

4. *zwischen* ....:
   Enzo und Emmy haben Miss Minus mitgeteilt dass sie keine Nachhilfestunden mehr haben wollen.

5. *zwischen* ....:
   Miss Minus ist sauer weil ihr Enzos Eltern zu verstehen gegeben haben dass sie mit ihr unzufrieden sind.

6. *vor und nach einer* ....:
   Miss Minus eine untalentierte Nachhilfelehrerin sucht Rat und Hilfe bei Exdirektor Fies.

Ein Beistrich **kann**, muss aber nicht stehen:

1. *beim* ....:
   Miss Minus versucht Enzo und Emmy etwas beizubringen.

2. *beim* ....:
Über die Kritik von Enzos Eltern bestürzt suchte Miss Minus Trost bei Exdirektor Fies.

3. *zur Vermeidung von* ....:
Emmy bat Enzo zu helfen.

4. *wenn Hauptsätze* ....:
Enzo lernte Grammatik und Emmy übte die Groß- und Kleinschreibung.

VORSCHLAG FÜR DIE AUSWERTUNG:

Für jede Nummer bekommst du einen Punkt, wenn sowohl die Zeichensetzung als auch die Regel stimmen. (Die Regel gilt auch dann als richtig, wenn zwar der Wortlaut mit dem im Lösungsheft nicht übereinstimmt, aber der Sinn getroffen wurde.)

9–10 Punkte: Spitze!

6–8 Punkte: Du hast dir einiges gemerkt. Mit etwas Übung gelingt es dir, in der Beistrichsetzung (fast) fehlerfrei zu werden.

0–5 Punkte: Bevor du weitermachst, solltest du das Kapitel „Der Beistrich (das Komma)“ in Band 7 (Seite 78 ff.) sowie Seite 75f. in Band 6 durchgehen. Wenn du Schwierigkeiten mit Begriffen wie „Gliedsatz“, „satzwertiger Infinitiv“, „satzwertiges Partizip“ hast, die für die Beistrichsetzung wichtig sind, studiere zuerst die entsprechenden Kapitel ab Seite 67 sowie in Band 7, Seite 67ff.!

50 ÜBUNG

Richtig oder falsch?

1. Zwischen Hauptsätzen, die durch „und“ miteinander verbunden sind, darf nie ein Beistrich stehen.
2. Zwischen Haupt- und Gliedsatz steht ein Beistrich.
3. Zwischen Gliedsätzen steht kein Beistrich.
4. Ein satzwertiger Infinitiv muss durch einen Beistrich abgegrenzt werden.
5. Zwischen den Teilen einer Aufzählung steht ein Beistrich.
6. Das Anführungszeichen oben steht nach dem Beistrich.
7. Das Anführungszeichen unten steht nach dem Beistrich.
8. Ein satzwertiges Partizip darf nicht durch einen Beistrich abgegrenzt werden.
9. Wenn Hauptsätze durch eine Konjunktion miteinander verbunden sind, steht kein Beistrich.
10. Durch Beistriche kann man Missverständnisse vermeiden.

ERKLÄRUNG

Der Beistrich in der Aufzählung

Enzo ist nicht begabt**,** **aber** fleißig.
Sein Sitznachbar in der Schule ist begabt **und** fleißig.

Regel: Die einzelnen Teile einer **Aufzählung** werden durch einen **Beistrich** getrennt. Das gilt auch dann, wenn zwischen ihnen **Konjunktionen** stehen. Ausnahme: Bei den Konjunktionen **„und", „sowie", „oder", „entweder – oder", „sowohl – als auch", „weder – noch"** steht **kein Beistrich**.

51 ÜBUNG

Ergänze die fehlenden Beistriche.

1. Die Eggs besichtigten eine kleine aber teure Wohnung.
2. Als die Eggs den Preis hörten waren sie bestürzt ja geradezu fassungslos.
3. Sie meinten zum Makler: „Diese Wohnung ist doch weder geräumig noch gut ausgestattet!"
4. Der Makler entgegnete, sie sollten nicht nur die Größe und Ausstattung sondern auch die Lage im Zentrum einer pulsierenden Großstadt bedenken.
5. Für die Wohnung hätten die Eggs entweder einen Kredit aufnehmen oder ihr Wochenendhaus verkaufen müssen.
6. Daher zogen sie es vor eine weniger günstig gelegene und billigere Wohnung zu suchen.
7. Denn sowohl der Verkauf des Wochenendhauses als auch die Aufnahme eines Kredites hätten ihnen Unbehagen bereitet.
8. So mussten Boris Betty Enzo und Emmy sowie Mister Jones vorerst mit der alten Wohnung vorliebnehmen.
9. Da ihnen nach der Wohnungsbesichtigung noch etwas Zeit blieb stellte sich für sie die Frage: Gehen wir ins Kino ins Museum oder nach Hause?
10. Sowohl Enzo als auch Emmy wollten weder ins Museum noch nach Hause.
11. Also beschlossen sie ein Kino zu besuchen und sich einen lustigen oder spannenden Film anzusehen.

52 ÜBUNG

Hier stimmt etwas nicht! Korrigiere.

Der Mann betrat das Haus auf dem Kopf, einen Hut an den Füßen, derbe Schuhe im Gesicht, ein fröhliches Lächeln in der Hand, einen Stock im Auge, einen schalkhaften Blick um den Hals, ein rotes Tuch mit weißen Tupfen.

ERKLÄRUNG

Der Beistrich zwischen Adjektiven

- Boris schenkt Betty eine **große goldene** Kette.
  (Probe: Boris schenkt Betty eine große **Goldkette**.
  Boris schenkt Betty eine große ~~und~~ goldene Kette.)

- Boris schenkt Betty eine **große, schöne** Kette.
  (Probe: Boris schenkt Betty eine große **und** schöne Kette.)

Regel: Stehen vor einem Nomen mehrere **Adjektive**, wird dann zwischen den letzten beiden **kein Beistrich** gesetzt, wenn das letzte Adjektiv mit dem Nomen **eine Einheit** bildet. Man kann in diesem Fall **kein „und"** zwischen den Adjektiven einfügen, häufig kann man Adjektiv und Nomen durch ein zusammengesetztes Nomen ersetzen (zB goldene Kette = Goldkette).

Beispiele:

- ein ausgezeichneter österreichischer Wein
  ▶ ein ausgezeichneter ~~und~~ österreichischer Wein
- ein interessantes historisches Ereignis
  ▶ ein interessantes ~~und~~ historisches Ereignis

- ein ausgezeichneter, wohlschmeckender Wein
  ▶ ein ausgezeichneter **und** wohlschmeckender Wein
- ein interessantes, spannendes Ereignis
  ▶ ein interessantes **und** spannendes Ereignis

Wie du an diesen Beispielen leicht erkennen kannst, ist es nicht immer möglich, aus dem letzten Adjektiv und dem Nomen ein zusammengesetztes Wort zu bilden (wie bei „goldene Kette" = Goldkette). Hier bleibt nur die Probe mit „und".

Oft entscheidet der **Sinn** darüber, ob ein Beistrich zu setzen ist:

- Emmy sagt zu ihrer Freundin: „Ich möchte neue sportbegeisterte Freunde kennen lernen."
  (In dieser Version sind auch die alten Freunde sportbegeistert. Betont wird nur „neue".)

- Emmy sagt zu ihrer Freundin: „Ich möchte neue**,** sportbegeisterte Freunde kennen lernen."
  (In dieser Version sind die alten Freunde nicht sportbegeistert. Betont wird sowohl „neue" als auch „sportbegeistert". Dazwischen ist beim Sprechen eine Pause hörbar.)

53 ÜBUNG

Ergänze einen Beistrich, wo dies notwendig bzw. möglich ist (manchmal gibt es zwei Möglichkeiten).

1. ein anderes schönes Mädchen
2. die letzten großen Ferien
3. die langen schönen Ferien
4. ein faszinierendes physikalisches Experiment
5. ein beeindruckendes faszinierendes Experiment
6. ein langweiliger amerikanischer Film
7. ein langweiliger einschläfernder Film
8. die allgemeine wirtschaftliche Lage
9. neue umweltfreundliche Verfahren
10. dunkles bayerisches Bier
11. ein erlesenes wohlriechendes Parfum
12. ein verfaulter unansehnlicher Apfel
13. schöne steirische Äpfel
14. interessante grammatikalische Regeln
15. interessante wissenswerte Regeln
16. eine andere schwere Verletzung
17. ein preiswertes koreanisches Auto
18. ein preiswertes zweckmäßiges Auto
19. die unteren plombierten Zähne
20. saftige griechische Trauben
21. saftige wohlschmeckende Trauben
22. die hinteren rot gestrichenen Boote

54 ÜBUNG

Ergänze die fehlenden Beistriche.

1. Eine ältere österreichische Frau unterhält sich während einer langen eintönigen Zugfahrt mit einem jüngeren deutschen Herrn. „Wenn Sie mich so anlächeln dann möchte ich Sie am liebsten fragen ob Sie nicht zu mir kommen möchten" sagt der Herr.
   „Sie sind aber ein großer unehrlicher Schmeichler!"
   „Ganz und gar nicht ich bin nur Zahnarzt!"

2. Eine Frau sieht am Markt rote holländische Tomaten. „Sind das österreichische oder holländische Tomaten?" fragt sie die Verkäuferin. Meint die: „Wollen Sie die Dinger essen oder sich mit ihnen unterhalten?"

ERKLÄRUNG

Der Beistrich beim satzwertigen Infinitiv

Enzo liebt **es,** Schach gegen den Computer zu spielen.
Emmy hat keine **Lust,** Mathematik zu lernen.
Aber sie überwindet sich und übt**, um** bei der Schularbeit eine gute Note **zu** bekommen.

Regel: Bei einem satzwertigen Infinitiv ist es normalerweise freigestellt, ob man einen Beistrich setzt. In einigen Fällen muss man ihn jedoch setzen:

- Im übergeordneten Satz steht ein **hinweisendes Wort** (zB es, dazu, daran, ...)
- Der satzwertige Infinitiv ist **von einem Nomen abhängig** (zB Lust)
- bei satzwertigen Infinitiven mit **um ... zu, ohne ... zu, (an)statt ... zu, als ... zu, ...**

55 ÜBUNG

Ergänze die fehlenden Beistriche, unterstreiche den satzwertigen Infinitiv und kreise ein hinweisendes Wort oder ein Nomen, von dem der satzwertige Infinitiv abhängt, ein:

Beispiel: Enzo und Emmy vergessen manchmal darauf Mister Jones zu füttern. ▶
Enzo und Emmy vergessen manchmal darauf, Mister Jones zu füttern.

1. Er geht über die Straße ohne nach links oder rechts zu schauen.
2. Enzo und Emmy bitten ihre Eltern darum das Taschengeld zu erhöhen.
3. Die haben jedoch nicht die Absicht ihnen mehr Geld zu geben.
4. Boris Egg liebt nichts mehr als am Strand zu liegen und dem Rauschen des Meeres zuzuhören.
5. Betty Egg sehnt sich danach am Wochenende endlich richtig ausspannen zu können.
6. Stundenlang am Computer zu spielen das ist Enzos Lieblingsbeschäftigung.
7. Manchmal kommt seine Mutter ins Zimmer und schimpft: „Du solltest lieber Deutsch lernen statt stundenlang am Computer zu sitzen."
8. In diesen Situationen verspürt Enzo das Verlangen sich wie Harry Potter unsichtbar machen und verschwinden zu können.
9. Emmy hat Angst dieses Jahr in der Schule nicht zu schaffen.
10. Sie denkt aber nicht daran an eine andere Schule zu wechseln denn dann würde sie ihre Freundinnen nicht mehr so oft sehen.
11. Vielmehr strengt sie sich sehr an um bessere Noten zu erreichen.
12. Miss Minus gibt ihren Nachhilfeschülern den Rat sich Aufsätze nach dem Schreiben nochmals aufmerksam durchzulesen um eventuelle Fehler auszumerzen.

ERKLÄRUNG

Weitere Beistrichregeln

Regel: Ein Beistrich steht

- bei der **Anrede**: Guten Morgen, Frau Egg!
- bei einem **Ausruf**: Au, das tut weh!
- zwischen **Ort und Datum** (im Briefkopf): Berlin, (den) 10. Juli 2006
- zwischen den einzelnen Teilen einer **Adresse**: Boris Egg, Porzellangasse 34, 1090 Wien. (Der Beistrich entfällt, wenn die einzelnen Teile untereinandergeschrieben sind, wie es in einem Brief der Fall ist; vgl. Seite 107)
- zwischen den einzelnen Teilen einer **Zeitangabe**: am Dienstag, dem 20. August, um 9 Uhr
- bei **nachgestellten erläuternden Angaben**; oft werden diese mit **also, besonders, nämlich, und zwar, vor allem, d. i.** (das ist), **d. h.** (das heißt), **zB** (zum Beispiel), **u. a.** (unter anderem, unter anderen) eingeleitet: Enzo hat viel gelernt, vor allem Deutsch.

56 ÜBUNG

Ergänze die fehlenden Beistriche und erkläre, warum ein Beistrich gesetzt werden muss.

1. Wolfgang Reiter Wiener Str. 91 4030 Linz muss am Mittwoch dem 5. September um 10 Uhr vor Gericht erscheinen.
2. „Gehst du mit mir zum Konzert Walter?"
3. Enzo und Emmy haben Probleme in Deutsch besonders in der Rechtschreibung.
4. Brrr ist das kalt!
5. Die Eggs werden im Urlaub verschiedene Städte Italiens bereisen u. a. Mailand und Turin.
6. Wohin wirst du heuer auf Urlaub fahren Kevin?
7. Dieses Paket ist adressiert an Frau Hermine Schmidt Getreidegasse 6 5020 Salzburg.
8. Die Eggs haben schon viele Reisen unternommen zB nach Ägypten Russland oder Kanada.
9. Heuer werden sie am Samstag den 10. Juli um 17 Uhr von Wien abfliegen und zwar nach Chile.
10. Linz 16. Jänner 2007
11. Nachdem Emmy ihr Herz ausgeschüttet d. h. alles erzählt hatte fühlte sie sich besser.
12. Oje ich habe ihren Geburtstag vergessen!
13. Im Computer werden die Daten auf der Harddisk d. i. die Festplatte gespeichert.

ERKLÄRUNG

Der Beistrich vor *und*

Regel 1: **Vor „und" steht ein Beistrich**

- **nach einem eingeschobenen Gliedsatz:** Enzo und Emmy haben das Gefühl, dass ihnen Miss Minus nicht viel beibringt, und wollen daher nicht mehr in die Nachhilfestunden gehen.
- **nach einer nachgestellten Apposition:** David, mein Bruder, und ich bestiegen den Mont Blanc. (David = mein Bruder; zwei Personen)
  ABER: David, mein Bruder und ich bestiegen den Mont Blanc. (David und mein Bruder sind zwei verschiedene Personen; „mein Bruder" ist daher keine Apposition; drei Personen)
- **vor nachgestellten erläuternden Angaben:** Er hat die Klasse bestanden, und zwar mit gutem Erfolg.
- **nach einer wörtlichen Rede:** Er rief: „Ist das herrlich!", und sprang ins Wasser.

Regel 2: **Vor „und" kann ein Beistrich stehen**

- **zwischen Hauptsätzen:** Enzo lernt Grammatik (,) und Emmy übt inzwischen die Groß- und Kleinschreibung.
- **nach einem eingeschobenen satzwertigen Infinitiv:** Exdirektor Fies riet Miss Minus (,) moderne Lehrmethoden anzuwenden (,) und beendete damit seine E-Mail.
- **wenn ein Satzgefüge anschließt, das mit einem satzwertigen Infinitiv oder einem Gliedsatz beginnt:** Enzo hatte ein Nicht genügend in Englisch bekommen , und um seinen Eltern nicht zu begegnen , ging er gleich auf sein Zimmer. Das Skirennen hatte schon begonnen (,) und als Enzo den Fernsehapparat einschaltete, raste gerade der Favorit die Piste hinunter.

57 ÜBUNG

Ergänze die fehlenden Beistriche und gib die Begründung dafür an! Achtung: Nicht immer ist ein Beistrich zu ergänzen. Manchmal gibt es auch zwei Möglichkeiten.

1. Enzo und Emmy fragten: „Müssen wir weiterhin bei Miss Minus Nachhilfestunden nehmen?" und machten ein mürrisches Gesicht.
2. Lisa meine Freundin und ich gingen spazieren.
3. Enzo freute sich dass die Schule aus war und ging in die Stadt um sich die neuesten DVD-Recorder mit Festplatte anzusehen.
4. Er möchte nämlich ein solches Gerät und um seinen Vater von den Vorteilen eines DVD-Recorders überzeugen zu können denkt er jetzt intensiv über Argumente nach.

5. Der ist aber der Meinung dass das alte Gerät noch gut genug sei und lehnt die Anschaffung ab.
6. Boris Egg arbeitet in der Telekommunikationsbranche und Betty ist in einer Werbeagentur angestellt.
7. Am Abend wälzen sie derzeit Urlaubsprospekte und studieren die Angebote.
8. Sie freuen sich schon sehr auf den Urlaub und wenn es ihre Finanzen erlauben werden sie nach Indonesien fliegen.
9. Um den Frühbucherbonus zu erhalten müssen sie bald buchen und zwar bis Ende März.
10. Sie werden zu viert verreisen – Boris Betty Enzo und Emmy.
11. Helga meine Tante und ich werden Opa im Altersheim besuchen.

...PAUSE!

ERKLÄRUNG

Der Beistrich bei *bitte, wie* und *als*

„Ich muss die Wiederholungsprüfung unbedingt schaffen. Erklär mir dieses Kapitel**, bitte**!" „Bringen Sie mir **bitte** noch ein Bier!"

Regel: Das Wort **bitte** trennt man nur dann vom restlichen Satz durch einen Beistrich ab, wenn es mit **Nachdruck** verwendet wird.

- Enzo lernt so viel **wie** Emmy.
  Beide lernen nicht immer so viel**, wie** die Lehrer von ihnen **erwarten**.
- Miss Minus weiß weniger **als** Ex-Direktor Fies.
  Sie weiß weniger**, als** für eine Nachhilfelehrerin erforderlich **wäre**.

Regel: Vor **wie** und **als** steht nur dann ein Beistrich, wenn sie einen vollständigen Gliedsatz einleiten, d. h., wenn ein **Prädikat** vorhanden ist.

58 ÜBUNG

Ergänze die fehlenden Beistriche! Achtung: Nicht immer ist ein Beistrich zu ergänzen!

1. Folgen Sie bitte bei der Installation neuer Software den Anweisungen.
2. „Papa kauf mir zu Weihnachten einen neuen Computer bitte!"
3. Mein Computer arbeitet so schnell wie deiner.
4. Das Erdbeben verursachte größere Schäden als man befürchtet hatte.
5. Enzo fühlt sich wie ein König weil er auf den Geografie-Test ein Sehr gut bekommen hat.
6. Das ist mehr als er erwartet hat.

ERKLÄRUNG

Der Doppelpunkt

Ein **Doppelpunkt** steht vor etwas, das unmittelbar vorher **angekündigt** worden ist; besonders häufig

- vor einer **wörtlichen Rede**: Enzo schimpfte**:** „Die Note in Deutsch ist sooo ungerecht!"
- vor **Aufzählungen**: Du musst Folgendes einkaufen**:** Brot, Milch und Käse.

ERKLÄRUNG

Der Gedankenstrich

- Er kennzeichnet eine **längere Pause**: „Entweder er gesteht oder **–** !" (Anstelle des Gedankenstriches könnte man hier auch Auslassungspunkte verwenden: „Entweder er gesteht oder **...**!")
- Er steht vor und nach einem **eingeschobenen Satz oder Satzteil**: Die Regeln für die Zeichensetzung **–** das möchte ich ausdrücklich betonen **–** musst du dir gut einprägen. (Statt der Gedankenstriche könnte man auch **Beistriche** oder **Klammern** verwenden: Die Regeln für die Zeichensetzung **(**das möchte ich ausdrücklich betonen**)** musst du dir gut einprägen. Die Regeln für die Zeichensetzung**,** das möchte ich ausdrücklich betonen**,** musst du dir gut einprägen.

59

ÜBUNG

Ergänze die fehlenden Satzzeichen.

1. In vielen Ländern der Erde das stellt Amnesty International immer wieder fest gibt es nach wie vor Menschenrechtsverletzungen.
2. Enzo meinte als er beim Essen Zahnschmerzen verspürte Oje ich muss schon wieder zum Zahnarzt.
3. Folgende Stoffe werden u. a. für die Reparatur von Zahnschäden verwendet Gold Keramik Kunststoffe und Amalgam.
4. Immer mehr Urlauber diesen Trend stellen Reisebüros fest fliegen im Winter in den Süden.
5. Enzo hat das gesteht er selbst zu wenig gelernt.
6. Österreich hat folgende Nachbarstaaten Deutschland Schweiz Liechtenstein Italien Slowenien Ungarn Slowakei und Tschechien.
7. Atomkraftwerke sind Umweltschützer weisen immer wieder darauf hin eine große Gefahr für Mensch und Natur.
8. Emmy fragte Wann beginnen endlich die Ferien

ERKLÄRUNG

Die Anführungszeichen

Regel 1: Zwischen **Anführungszeichen** stehen

- **wörtliche Reden:** „Enzo“, sagte Miss Minus, „ich werde dir helfen.“ (Vgl. Band 6, Seite 75)
- **Zitate aus Büchern, Zeitschriften u. Ä.:** „Wir könnten Glück kaum richtig empfinden“, schreibt Werner J. Egli, „hätten wir nicht auch Unglück erfahren.“ (Topic, Dezember 2004)
- **angeführte Wörter, Satzteile oder Sätze:** Das Wort „Aggression“ kommt aus dem Lateinischen.
- **Titel von Büchern, Filmen u. Ä.:** Hast du das Buch „Der kleine Hobbit“ gelesen?

Regel 2: Sind in einem Abschnitt, der bereits zwischen Anführungszeichen steht, nochmals Anführungszeichen notwendig, verwendet man **halbe Anführungszeichen:** Enzo fragte Emmy: „Willst du dir den Film ‚Alexander der Große‘ ansehen?“

60 ÜBUNG

Ergänze die fehlenden Satzzeichen (auch am Ende des Satzes).

1. Das neueste Album von Enzos Lieblingsband heißt Next Generation
2. Enzo und Emmy haben den Roman Harry Potter und die Heiligtümer des Todes schon zweimal gelesen
3. Gott sei Dank hat sich das Sprichwort Ende gut alles gut schon oft bewahrheitet
4. Statt Friseur kann man auch Frisör schreiben
5. Enzo bettelte Ich möchte mir so gerne den Film Der Gladiator ansehen
6. Die Präposition wegen wird häufig mit dem falschen Fall verwendet
7. Die Eggs beklagt sich Miss Minus haben ständig etwas an meinem Unterricht auszusetzen
8. Vielleicht antwortet ihr Exdirektor Fies sollten Sie sich einmal mit modernen Lehrmethoden befassen
9. Viele kennen das Lied Es lebe der Sport von Rainhard Fendrich
10. Schreibt man Jogurt oder Joghurt
11. Der Lehrer Es gibt zwei Wörter die ich nie mehr von euch hören will. Das eine ist affengeil das andere saudoof Meldet sich ein Schüler Geht in Ordnung Wie heißen die beiden Wörter

...PAUSE!!

ABSCHLUSSÜBUNG 6

Ergänze fehlende Satzzeichen, wo dies möglich ist, und gib eine Begründung an. Verwende dabei folgende Abkürzungen: HS = Hauptsatz, GS = Gliedsatz, swI = satzwertiger Infinitiv.

Der Gespaltene
Der Mann, der das Dynamit und den Nobelpreis erfand

Am 10. Dezember 2004 erhielt die österreichische Schriftstellerin Elfriede Jelinek die höchste Auszeichnung die ein Schriftsteller erhalten kann den Nobelpreis für Literatur.

An ebendiesem Tag vor genau 108 Jahren ist der Mann gestorben dem die Welt diesen Preis verdankt Alfred Nobel. Er verfügte in seinem Testament dass die Zinsen seines riesigen Vermögens dazu verwendet werden sollten Menschen auszuzeichnen die Großes für andere Menschen geleistet haben. Er wusste nicht ob er selbst dazugehörte: Er war ein Gespaltener.

Ursprünglich gab es fünf Nobelpreise für Physik, Chemie, Medizin, Literatur und den wichtigsten Beitrag zum Frieden.

1969 hat die schwedische Reichsbank einen weiteren Nobelpreis – für Wirtschaftswissenschaften – gestiftet.

Nicht weniger als 1,1 Millionen Euro warten heuer auf die Preisträger der fünf ursprünglichen Disziplinen.

Wie ist Alfred Nobel so reich geworden dass allein die Zinsen seines Vermögens für so gewaltige Preise reichen? Durch einen Stoff von dem wir fast täglich in der Zeitung lesen dass er bei einem Terroranschlag wieder ein paar Menschen getötet hat Dynamit.

Alfred Nobel ist so reich geworden weil seine Erfindung keineswegs nur nützlich war um Tunnels Kanäle oder Bergwerksstollen zu bauen sondern weil man damit auch Brücken Straßen oder Häuser in Kriegen in die Luft sprengen konnte.

Und obwohl ihm nachgesagt wird dass er den Krieg verabscheut hat hat er sich nicht gescheut sein Dynamit an die Waffenindustrie zu verkaufen.

Die Last die er auf diese Weise auf seine Seele geladen hat war wohl der entscheidende Grund dafür dass er Menschen ehren wollte die besonders viel Gutes für ihre Mitmenschen geleistet haben.

Entsprechend gespalten war auch die Reaktion als der Nobel-Preis 1905 erstmals verliehen wurde. Viele Wissenschaftler fragten Darf man Geld annehmen an dem so viel Blut klebt?

Die Diskussion schlief erst ein als 1905 eine Österreicherin den Friedensnobelpreis erhielt: Bertha von Suttner hatte das bis heute berühmteste Buch gegen den Krieg – „Die Waffen nieder!“ – geschrieben und war die engste Vertraute Alfred Nobels gewesen.
[...] Seine Argumente waren jene die auch im Zusammenhang mit der Atombombe vorgebracht wurden: Er wollte schrieb er Bertha von Suttner in einem Brief „einen Stoff von so fürchterlicher Wirkung schaffen dass dadurch Kriege überhaupt unmöglich werden“ weil sich vernünftige Menschen doch nicht gegenseitig ausrotten würden.
Alfred Nobel starb 1896 im Alter von 63 Jahren in San Remo. So musste er nicht mehr miterleben wie schon der Erste Weltkrieg seine Theorie auf grausame Weise widerlegte.

(Peter M. Lingens; Der Gespaltene – Der Mann, der das Dynamit und den Nobelpreis erfand. In: Topic, Dezember 2004)

VORSCHLAG FÜR DIE AUSWERTUNG:

Insgesamt müssen 34 Satzzeichen gesetzt werden (Beistriche in Aufzählungen sowie einleitendes und abschließendes Anführungszeichen zählen jeweils als ein Satzzeichen), zwei weitere sind möglich.
Für jedes Satzzeichen zu viel oder zu wenig wird ein Fehler gerechnet. Auch eine falsche Begründung zählt als Fehler, selbst wenn der Beistrich richtig gesetzt war.

0–3 Fehler:	Sehr gut!
4–7 Fehler:	Gut!
8–12 Fehler:	Durchschnitt
13–17 Fehler:	Ausreichend
18 und mehr Fehler:	Geh den Abschnitt „Satzzeichen“ (Seite 48–58) nochmals durch. Bedenke, dass einige wichtige Beistrichregeln schon in Band 6 und 7 erklärt wurden, wo du auch die Übungen dazu findest. Daher solltest du auch in Band 7 Seite 78–80 und in Band 6 Seite 75 und 76 studieren!

TIPP

Sowohl die angeführten Satzzeichen als auch die Regeln zu ihrer Anwendung sind hier auf das Wichtigste beschränkt. Eine ausführlichere Darstellung findest du in einem Rechtschreib-Wörterbuch. Solltest du also einmal unsicher sein, welches Satzzeichen du verwenden sollst, schlag dort nach!

Übungen zum Wiederholen – Vertiefen – (Ab)Sichern in **DURCHSTARTEN – DEIN ÜBUNGSBUCH**.

mailto:exdirex.fies@out.com
Verehrter, helfen Sie mir! Hatte für meine Zwillinge ein paar hübsche Mandalas vorbereitet, wollte sie jetzt in Ruhe ein Stündchen malen lassen (habe nämlich ein brutzelndes Hühnchen im Rohr, und das will alle fünfzehn Minuten übergossen werden), stattdessen machen die einen auf motiviert und halten mir eine What-to-do-Liste unter die Nase: Gliedsatz 1. und 2. Grades, Klammer, Kongruenz (sollte wahrscheinlich Konkurrenz heißen). Verstehe kein Wort.
Ihre Miss Minus
mailto:miss.minus@4.Klasse
Sorry, meine Gute, aber diese Suppe werden Sie schon selbst auslöffeln müssen. 1. und 2. Grades sind bei mir höchstens Neffen und Kusinen, und Klammern und Kongruenzen kenne ich nur aus der Mathematik. Sind Sie sicher, dass Ihre beiden nicht die Nachhilfestunde verwechselt haben?
Ihr Ex-Direktor Fies ☹

ERKLÄRUNG

Zusammenhänge herstellen

In vielen Familien sind beide Elternteile berufstätig, oft fehlt auch (zB nach Scheidungen) ein Elternteil. Wie können solche Eltern sichergehen, dass ihre Kinder auch nach dem Unterricht betreut werden? Eine Möglichkeit ist die Tagesheimschule, d. h., die Schüler bleiben nach dem Unterricht noch in der Schule, um dort unter Aufsicht eines Erziehers oder Lehrers ihre Hausübungen zu machen bzw. zu lernen.
Wie sehen die betroffenen Schüler selbst die Tagesheimschule? Im Folgenden ist der Text wiedergegeben, den die 14-jährige Schülerin Karin zum Thema **„Ist die Tagesheimschule eine gute Schulform?“** geschrieben hat.

Immer mehr Schulen in Österreich bieten eine Nachmittagsbetreuung an. Auch ich besuche eine Schule mit Nachmittagsbetreuung – eine so genannte Tagesheimschule. Viele Schüler denken: Es wäre viel besser, zu Hause und allein Hausübungen zu erledigen. Stimmt das wirklich? Hat es einen Sinn, am Nachmittag in der Schule zu sitzen? Ich werde einige Aspekte darlegen. Sie sprechen für und gegen das Tagesheim.
Viele Kinder gehen in eine Schule ohne Tagesheim. Sie müssen zu Hause allein lernen. Sie können in ihrer Freizeit nicht einfach nur entspannt herumsitzen. Ich finde: Schulen, an denen man auch noch am Nachmittag in der Schule mit Freunden sitzt, sind sinnvoll. Mit ihnen kann man alles besprechen. Jugendliche, die keine Nachmittagsbetreuung „genießen“, zögern oft ihre Hausaufgaben hinaus. Es ist besser, diese in der Schule zu erledigen. Daheim kann man relaxen.
Viele Eltern können mit dem Stoff nicht mehr mithalten. Man kann zu Hause niemanden fragen. Man hat ein Problem mit der Hausübung oder dem Lernstoff. In der Schule ist das möglich.
Man sieht seine Freunde länger. Man kann gemeinsame Aktivitäten in den Pausen durchführen. Es ist ein Vorteil. Ohne Nachmittagsbetreuung hat man mit seinen Schulkameraden nicht so viel Kontakt.
Viele Eltern arbeiten bis 17 Uhr oder noch länger. Oft machen sie sich wegen der Kinder große Sorgen. Sie wissen nie genau: Was stellen ihre Söhne und Töchter gerade an? Lernen sie auch wirklich? Sie tun es nicht. Schlechte Noten sind oft die Folge. Diese Gefahr wird in Tagesheimen eingeschränkt: Die Kinder sind unter Aufsicht. Sie müssen arbeiten.
Eine Tagesheimschule hat auch Nachteile. Schüler verbringen ihren Nachmittag daheim. Sie können sich die Zeit zum Lernen selbst einteilen. Sie brauchen eine Pause. Sie können eine einlegen. Sie können zwischendurch etwas essen. Sie können an die frische Luft gehen. In der Schule müssen sie sich nach dem vorgegebenen Zeitplan richten. Das ständige konzentrierte Arbeiten führt manchmal zu Kopfschmerzen.

Es gibt viele Kinder, die sich Texte laut durchlesen oder laut Vokabeln lernen wollen. Im Tagesheim stört man die anderen beim Arbeiten. Manche werden zurechtgewiesen. Sie können sich den Stoff anders, also leise, einfach nicht einprägen. Zu Hause im eigenen Zimmer stört lautes Lernen niemanden.
Ich halte die Tagesheimschule an sich für eine gute Einrichtung. Man sollte sie auf drei Tage in der Woche reduzieren. Man sollte den Kindern überhaupt die Entscheidung selbst überlassen. Sie könnten ihren eigenen Weg zu lernen finden.

Was hältst du von diesem Text? Gehst du auch in eine Tagesheimschule und sind dir manchmal ähnliche Gedanken durch den Kopf gegangen? Oder bist du in einigen Punkten anderer Meinung?
Wie dem auch sei, wir wollen uns hier nicht mit dem Inhalt und Aufbau des Briefes befassen, sondern ausschließlich mit dem Zusammenhang zwischen den Sätzen.
Wie beurteilst du beispielsweise diesen Textabschnitt?

Viele Eltern können mit dem Stoff nicht mehr mithalten. Man kann zu Hause niemanden fragen. Man hat ein Problem mit der Hausübung oder dem Lernstoff. In der Schule ist das möglich.

Was ist in der Schule möglich? Zunächst ist man geneigt, „das" auf den Satz davor zu beziehen. Das würde bedeuten: Es ist in der Schule möglich, dass man ein Problem mit der Hausübung oder dem Lernstoff hat. Ist aber nicht eher gemeint, dass man in der Schule jemanden fragen kann, wenn man sich nicht auskennt, zu Hause aber nicht, vor allem dann, wenn die Eltern den Stoff ebenfalls nicht beherrschen? Der Sinn der Sätze bleibt etwas unklar. Außerdem verallgemeinert der Satz *„Man hat ein Problem mit der Hausübung oder dem Lernstoff."* zu sehr – das würde ja bedeuten, dass jemand **immer** ein Problem mit der Hausübung oder dem Lernstoff hat.
Durch **Konjunktionen** und **adverbiale Verweiswörter** kann man Zusammenhänge besser verdeutlichen (was Konjunktionen und adverbiale Verweiswörter sind, kannst du in Band 7, Seite 61 und 64 nachlesen), auch eine Änderung in der Reihenfolge der Satzteile wirkt manchmal Wunder:

*Viele Eltern können mit dem Stoff nicht mehr mithalten. **Wenn** man ein Problem mit der Hausübung oder dem Lernstoff hat, kann man zu Hause niemanden fragen. In der Schule ist das möglich.*

Hier ist der Sinn bereits wesentlich klarer. Möglich wäre auch folgende Formulierung:

***Da** viele Eltern mit dem Stoff nicht mehr mithalten können, kann man zu Hause niemanden fragen, **wenn** man ein Problem mit der Hausübung oder dem Lernstoff hat. In der Schule ist das **sehr wohl** möglich.*

An anderen Stellen ist nicht nur der Zusammenhang etwas unklar, sondern auch der Stil wirkt etwas abgehackt und eintönig. Ein Beispiel:

Eine Tagesheimschule hat auch Nachteile. Schüler verbringen ihren Nachmittag daheim. ***Sie*** *können sich die Zeit zum Lernen selbst einteilen.* ***Sie*** *brauchen eine Pause.* ***Sie*** *können eine einlegen.* ***Sie*** *können zwischendurch etwas essen.* ***Sie*** *können an die frische Luft gehen.*

Hier beginnen fünf kurze Hauptsätze hintereinander mit demselben Wort. Durch **Konjunktionen** sowie durch **Gliedsätze** und **Infinitivgruppen** kannst du den Text flüssiger gestalten:

Eine Tagesheimschule hat auch Nachteile. Andere Schüler verbringen ihren Nachmittag daheim ***und*** *können sich die Zeit zum Lernen selbst einteilen.* ***Wenn*** *sie Erholung brauchen, können sie eine Pause einlegen,* ***um*** *beispielsweise etwas* ***zu*** *essen* ***oder*** *an die frische Luft zu gehen.*

TIPP

Durch Konjunktionen kann man Zusammenhänge deutlicher machen. Oft wird auch der Stil dadurch flüssiger.

61 ÜBUNG

Schreibe nun den Text neu und versuche, ihn durch Konjunktionen und adverbiale Verweiswörter verständlicher und flüssiger zu gestalten.

TIPP

Versuche zunächst bei jedem Satz möglichst viele und unterschiedliche **Konjunktionen** und **adverbiale Verweiswörter** einzubauen. Vergleiche dann diese Versionen und entscheide dich für diejenige, die dir besser erscheint. Konjunktionen können den Stil zwar verbessern, aber das muss nicht immer der Fall sein.
Sollte deine Version mit der im Lösungsheft an mehreren Stellen nicht übereinstimmen, muss das nicht bedeuten, dass deine Version schlechter oder gar falsch wäre. Meist gibt es mehrere Möglichkeiten, einen Satz gut zu formulieren.

ERKLÄRUNG

Ein Zusammenhang – verschiedene Ausdrucksmöglichkeiten

Du hast sicher schon festgestellt, dass es für eine Sache oft verschiedene Ausdrücke gibt. Auch Zusammenhänge kann man auf mehrere Arten formulieren. Ein Beispiel soll dir das verdeutlichen:

1. **Da** ich meine Aufgaben bereits in der Schule erledigt habe, kann ich mich zu Hause entspannen.
2. Ich kann mich zu Hause entspannen, **weil** ich meine Aufgaben bereits in der Schule erledigt habe.
3. Ich kann mich zu Hause entspannen, **denn** ich habe meine Aufgaben bereits in der Schule erledigt.
4. Ich habe meine Aufgaben bereits in der Schule erledigt, **sodass** ich mich zu Hause entspannen kann.
5. Ich habe meine Aufgaben bereits in der Schule erledigt, **damit** ich mich zu Hause entspannen kann.
6. Ich habe meine Aufgaben bereits in der Schule erledigt, **um** mich zu Hause entspannen zu können.
7. Ich habe meine Aufgaben bereits in der Schule erledigt, **daher** (**deshalb**, **deswegen**) kann ich mich zu Hause entspannen.
8. **Nach** der Erledigung der Aufgaben in der Schule kann ich mich zu Hause entspannen.

Fallen dir noch weitere Möglichkeiten ein? Dass der Zusammenhang jeweils durch ein anderes Wort ausgedrückt wurde, hast du sicher bemerkt. Ist dir auch aufgefallen, dass verschiedene Wortarten verwendet wurden?

62 ÜBUNG

Stelle fest, mit welchen Wortarten (fett gedruckte Wörter) in den acht Sätzen ein Zusammenhang hergestellt wurde.
Zusätzlich wurde auch noch der Satzbau variiert:

Satz 1	Satzgefüge (Gliedsatz, Hauptsatz)
Satz 2, 4, 5	Satzgefüge (Hauptsatz, Gliedsatz)
Satz 3, 7	Hauptsatzreihe (Hauptsatz, Hauptsatz)
Satz 6	Satzgefüge (Hauptsatz, satzwertiger Infinitiv)
Satz 8	einfacher Hauptsatz (ein Präpositionalausdruck steht hier anstelle eines Gliedsatzes)

(Wenn du Schwierigkeiten mit dem Begriff „Gliedsatz“ hast, schiebe jetzt die Übungen 65 und 66 ein.)

Ein Zusammenhang lässt sich oft auf verschiedene Arten darstellen.

Wahrscheinlich ist dir aufgefallen, dass auch die Sichtweise in den Sätzen verschieden ist:
Dreimal wird eine **Begründung** formuliert (Satz 1 bis 3), zweimal ein **Zweck** (Satz 5 und 6) und zweimal eine **Folge** (Satz 4 und 7). Einmal wird ein **temporaler** (zeitlicher) **Zusammenhang** hergestellt (Satz 8).

63 ÜBUNG

Stelle auf die angegebenen fünf Arten einen Zusammenhang zwischen den Sätzen her.

- 2x Hauptsatzreihe mit einer Konjunktion (a) Begründung, b) Folge)
- 2x Satzgefüge (c) Begründung, d) Folge)
- einfacher Hauptsatz mit einer Präposition (e) freiwillig)

1. Viele Eltern sind am Nachmittag berufstätig. Sie geben ihre Kinder in eine Tagesheimschule.
2. Enzo hat ein Problem mit der Hausübung. Er fragt Miss Minus.
3. Miss Minus hat ein brutzelndes Huhn im Rohr. Sie gibt Enzo und Emmy Mandalas zum Malen.

64 ÜBUNG

Überlege, welcher Zusammenhang zwischen den Sätzen besteht, und drücke ihn auf drei Arten aus.

- a) Hauptsatzreihe mit einer Konjunktion oder einem adverbialen Verweiswort
- b) Satzgefüge
- c) einfacher Hauptsatz mit Präpositionalgefüge (freiwillig)

1. Emmy strengt sich sehr an. Sie bekommt in der Schule keine guten Noten.
2. Enzo steht auf. Er verzehrt sein Frühstück.
3. Miss Minus schreibt an Exdirektor Fies. Sie denkt an Enzo und Emmy.
4. Enzo wiederholt die Vokabeln mehrmals. Er prägt sie sich ein.
5. Emmy spart jeden Cent. Sie kann sich neue Ohrringe kaufen. (nur b) Satzgefüge)

ERKLÄRUNG

Gliedsätze

Enzo und Emmy protestieren gegen die Mandalas, — **weil sie etwas lernen wollen.**

HAUPTSATZ — **GLIEDSATZ**

SATZGEFÜGE

Erinnerst du dich noch, wie man Haupt- und Gliedsatz voneinander unterscheiden kann?

65 ÜBUNG

Ergänze:

Ein Hauptsatz kann .... stehen, ein Gliedsatz nicht.

Im Hauptsatz (Aussagesatz) befindet sich die Personalform an ....

Stelle, im eingeleiteten Gliedsatz (im Beispielsatz ist die einleitende

Konjunktion „obwohl") an der ....

Zwischen Haupt- und Gliedsatz ist ein ....

zu setzen.

Eine Einheit von Haupt- und Gliedsatz bezeichnet man als ....

....

(Was eine Personalform ist, kannst du in Band 5, Seite 77, und in Band 7, Seite 60, nachlesen.)

66 ÜBUNG

Orientierungstest. Beim folgenden Text hast du 3 Aufgaben zu erfüllen:

a) Ringle die Personalformen ein.
b) Unterstreiche die Gliedsätze.
c) Ergänze die fehlenden Beistriche.

Beispiel: Exdirektor Fies kann Miss Minus keinen Rat geben, was sie mit Enzo und Emmy tun soll.

Wie Kaiserpinguine den Winter in der Antarktis überstehen

Obwohl in der Antarktis Temperaturen bis –89 °C herrschen und Stürme mit 200 km/h übers Land fegen brütet ein Vogel unter diesen extremen Bedingungen sein Ei aus: der Kaiserpinguin.
Zu Beginn des Winters ziehen die Kaiserpinguine vom Meer zu ihren Brutgebieten auf dem Packeis. Nachdem das Weibchen ein Ei gelegt hat wandert es wieder zurück zum Meer. Das Männchen brütet das Ei alleine aus.
Da das Ei bei den tiefen Temperaturen in wenigen Sekunden einfrieren würde liegt es nicht auf dem Boden sondern auf den Füßen des Männchens. Darüber stülpt der Pinguin eine Hautfalte unter der das Ei auf 31 °C gehalten wird. Es dauert 62 bis 67 Tage bis das Ei ausgebrütet ist. Mit dem Anmarsch zum Brutgebiet und der Rückkehr zum Meer sind es etwa 100 Tage in denen der Pinguinmann nichts zu fressen hat. Er zehrt von seinen Fettreserven sodass er von fast 40 kg auf die Hälfte abmagert.
Da sich die eisigen Temperaturen in einer Kolonie besser ertragen lassen stehen die Pinguinpapas dicht gedrängt auf dem Eis. Dabei wechseln sie ständig die Plätze weil es im Inneren der Kolonie durch die Körperwärme um 60 Grad wärmer als am Rand sein kann.
Wenn das Junge geschlüpft und das Weibchen zurück ist schlägt sich der Pinguinpapa den Bauch mit Fischen voll. Ab jetzt wechseln sich die Eltern bei der Nahrungssuche ab. Sie müssen viel Fisch heranschaffen damit sie die Jungen satt bekommen.
Wenn die Eltern auf Jagd sind verbringen die Kleinen ihre Zeit in „Kindergärten“ wo Junggesellen auf die Kleinen aufpassen. Da die Kolonie perfekt organisiert ist kann sie in der Antarktis überleben.

(Nach: Peter Meindl: Wie Kaiserpinguine die antarktischen Stürme überstehen. In: Topic Nr. 158, Dezember 2004)

VORSCHLAG FÜR DIE AUSWERTUNG:

Im Text kommen 12 Satzgefüge mit je einem Gliedsatz und eines mit zwei Gliedsätzen vor. Für jedes Satzgefüge gibt es einen Punkt, wenn alles richtig ist.

12–13 Punkte:	Spitze!
10–11 Punkte:	Gute Leistung!
7–9 Punkte:	Ausreichend
max. 6 Punkte:	Bevor du dich dem nächsten Kapitel zuwendest, solltest du in Band 7 Seite 60 ff. studieren.

ERKLÄRUNG

Gliedsätze verschiedenen Grades

Boris und Betty Egg,	**Hauptsatz (1. Teil)**
die du mittlerweile kennst,	**Gliedsatz 1. Grades**
meinen,	**Hauptsatz (2. Teil)**
dass es höchste Zeit für Miss Minus sei,	**Gliedsatz 1. Grades**
ihren Kindern den Stoff beizubringen,	**satzwertiger Infinitiv (vertritt einen Gliedsatz 2. Grades)**
den sie in der Schule können müssen.	**Gliedsatz 3. Grades**

Regel:

- Ein Gliedsatz kann nicht allein stehen. Gewöhnlich ist er von einem Hauptsatz abhängig (dann nennt man ihn **Gliedsatz 1. Grades**). Er kann jedoch auch von einem anderen Gliedsatz abhängig sein:
- Einen Gliedsatz, der von einem Gliedsatz 1. Grades abhängig ist, nennt man **Gliedsatz 2. Grades**,
- einen Gliedsatz, der von einem Gliedsatz 2. Grades abhängig ist, nennt man **Gliedsatz 3. Grades** usw.

Das obige Satzgefüge kann man sich durch eine **Textpartitur** gut veranschaulichen. Dabei zeichnet man Hauptsätze und Gliedsätze gleichen Grades jeweils auf einer Linie ein, wie die Noten in einem musikalischen Kunstwerk – daher die Bezeichnung „Partitur"; unter einer Partitur versteht man normalerweise die Niederschrift eines musikalischen Werkes. (Unterbrochene Sätze werden durch einen Bogen miteinander verbunden.)

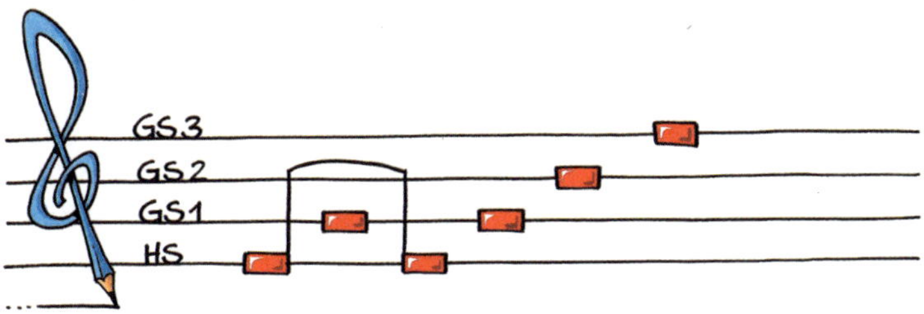

67 ÜBUNG

Ein Text in drei Versionen

Martha, Fred und Benny mussten einen Aufsatz zu folgendem Thema schreiben: *„Jeder Mensch sollte gleich viel verdienen. Dann gäbe es in unserer Gesellschaft keine Ungerechtigkeiten." – Teile deine Ansicht zu dieser Aussage mit und begründe sie.*

Ein Gedanke findet sich bei allen drei, doch jeder hat ihn anders formuliert. Lies dir die verschiedenen Versionen durch und zeichne die Textpartitur:

Marthas Version

Jeder Arbeitnehmer erhielte den gleichen Lohn. Aber manche Arbeitnehmer leisten mehr. Sie wären unzufrieden. Der Kommunismus zeigte es uns schon: Ein solches System würde gar nicht funktionieren. Die meisten Arbeitnehmer würden ihre Arbeit schlampig machen. Der Lohn bliebe ja gleich. Keiner würde sich anstrengen. Er könnte ja keinen höheren Lohn erhalten.

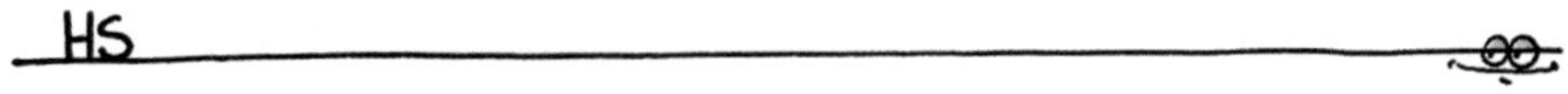

Freds Version

Wenn jeder Arbeitnehmer den gleichen Lohn erhielte, wären jene Arbeitnehmer, die mehr leisten und dennoch den gleichen Lohn erhalten würden, unzufrieden, sodass, wie uns der Kommunismus schon zeigte, ein solches System gar nicht funktionieren würde, weil die meisten Arbeitnehmer ihre Arbeit schlampig machen würden, da der Lohn ja gleich bliebe, und sich keiner anstrengen würde, um einen höheren Lohn zu erhalten, weil dies ja unmöglich wäre.

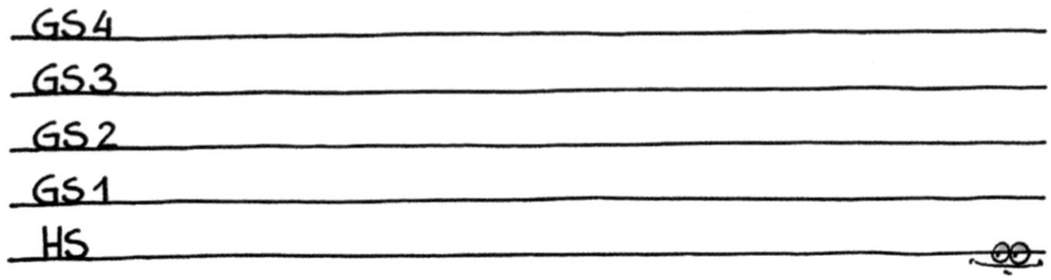

Bennys Version

Wenn jeder Arbeitnehmer den gleichen Lohn erhielte, wären jene Arbeitnehmer unzufrieden, die mehr leisten und dennoch nicht mehr verdienen würden. Der Kommunismus zeigte es schon: Ein solches System würde gar nicht funktionieren, denn die meisten würden ihre Arbeit schlampig machen, weil der Lohn gleich bliebe, und keiner würde sich anstrengen, um einen höheren Lohn zu erhalten, da dies unmöglich wäre.

Welche der drei Versionen gefällt dir am besten?
Welche Version versteht man am leichtesten?
Welche ist am elegantesten und flüssigsten formuliert?

68 ÜBUNG

Versuche nun, eine Beziehung zwischen dem Satzbau und den oben genannten Kriterien herzustellen, zB: Ist ein Satz dann leicht verständlich, wenn man vor allem Hauptsätze verwendet oder wenn in einem Satzgefüge viele Gliedsätze enthalten sind?

Wie schreibst du selbst? Um das festzustellen, mache Übung 69.

69 ÜBUNG

Nimm einen Text zur Hand, den du selbst geschrieben hast, und verfertige eine Textpartitur!

Stelle dir im Anschluss daran folgende Fragen:

- Hast du (fast) nur Hauptsätze verwendet?
- Wenn ja: Hast du das bewusst getan, um eine bestimmte Wirkung zu erzielen? (Das kann zB am Höhepunkt einer Erzählung oder in einem Werbetext passend sein.)
- Wenn du es nicht bewusst getan hast, solltest du ausprobieren, ob nicht durch Gliedsätze der Text etwas flüssiger wird.

- Kommen in deinem Text lange Satzgefüge mit vielen Gliedsätzen vor?
- Wenn ja: Gib den Text einem Freund / einer Freundin zum Lesen und frage ihn / sie, ob er leicht verständlich ist. Sollte dein Freund / deine Freundin das verneinen, gestalte die Satzgefüge kürzer und ersetze einen Teil der Gliedsätze durch Hauptsätze.

TIPP

Wenn du leicht verständliche Texte schreiben willst, solltest du neben allzu langen Satzgefügen vor allem **verschachtelte Satzgefüge vermeiden.** Darunter versteht man, dass Sätze durch eingeschobene Gliedsätze unterbrochen und erst später fortgesetzt werden.

Beispiel: *..., **wären jene Arbeitnehmer**, die mehr leisten und dennoch den gleichen Lohn erhalten würden, **unzufrieden, sodass,** wie uns der Kommunismus schon zeigte, **ein solches System gar nicht funktionieren würde** ...*
(Die zusammengehörenden Sätze sind grün.)

...PAUSE!

ERKLÄRUNG

Nicht eingeleitete Gliedsätze

- Miss Minus meint, **dass** Enzo und Emmy zu widerspenstig **sind** (**seien**).
  Miss Minus meint, ----- Enzo und Emmy **seien** zu widerspenstig.

- **Wenn** Miss Minus sich mehr Wissen angeeignet **hätte**, könnte sie jetzt den Kindern mehr beibringen.
  ------ **Hätte** sich Miss Minus mehr Wissen angeeignet, könnte sie jetzt den Kindern mehr beibringen.

Neben den Gliedsätzen, die durch eine Konjunktion eingeleitet werden, gibt es auch nicht eingeleitete Gliedsätze. Die **Personalform** steht dann nicht an letzter, sondern **an 1. oder 2. Stelle**. In diesem Fall erkennt man die Gliedsätze nur mehr daran, dass sie von einem übergeordneten Satz (einem Hauptsatz oder einem Gliedsatz niedrigeren Grades) abhängig sind. Besonders häufig kommen nicht eingeleitete Gliedsätze in der **indirekten Rede** vor.

TIPP

Nicht eingeleitete Gliedsätze bieten dir die Möglichkeit, deinen Satzbau abwechslungsreicher zu gestalten. Das ist besonders dann wichtig, wenn die Konjunktionen **dass** oder **wenn** schon mehrmals in deinem Text vorgekommen sind und du Wiederholungen vermeiden willst.

70 ÜBUNG

Formuliere mit einem nicht eingeleiteten Gliedsatz.

1. Am Anfang hatten Boris und Betty Egg geglaubt, dass Miss Minus eine gute Nachhilfelehrerin sei.
2. Mittlerweile haben sie sie mehrmals aufgefordert, dass sie sich mehr Mühe geben solle.
3. Wenn Enzo und Emmy nicht so schwach wären, würden die Eltern ihre Kinder schon lange nicht mehr hinschicken.
4. Enzo meinte, dass er nicht mehr länger zu Miss Minus gehen wolle.
5. Emmy ergänzt, dass diese Nachhilfestunden Zeitverschwendung seien.
6. Weiters verspricht sie hoch und heilig, dass sie sich sehr bemühen würden, den Stoff selbst zu lernen, wenn sie keine Nachhilfestunden mehr bekämen.
7. Die Eltern antworten: „Wenn ihr bei den letzten Schularbeiten bessere Noten bekommen hättet, könnten wir uns die ganze Diskussion sparen.“

ERKLÄRUNG

Nominalstil – Verbalstil

Sicher hast du schon einmal an einem Schikurs, einer Sportwoche oder einer anderen Projektwoche teilgenommen. Auch Ausflüge und Besichtigungen, die einen Tag oder einen halben dauern, können den Schulalltag auflockern. All das fasst man mit dem Begriff „Schulveranstaltungen" zusammen. Wie alles andere in der Schule sind sie durch Gesetze geregelt, konkret durch das Schulunterrichtsgesetz (SchUG) und die Schulveranstaltungsverordnung (SchVV). Was steht nun in diesen Texten über Schulveranstaltungen?

SchUG § 13 Abs. 1:
Aufgabe der Schulveranstaltungen ist die Ergänzung des lehrplanmäßigen Unterrichtes durch unmittelbaren und anschaulichen Kontakt zum wirtschaftlichen, gesellschaftlichen und kulturellen Leben, durch die Förderung der musischen Anlagen der Schüler und durch die körperliche Ertüchtigung.

Was hältst du von diesem Satz? Ist er deiner Meinung nach
- leicht oder schwer verständlich,
- übersichtlich oder unübersichtlich,
- elegant oder schwerfällig?

Gesetzestexte sind häufig gekennzeichnet durch viele Nomen. Man hätte den obigen Satz auch so formulieren können:
Schulveranstaltungen sollen den lehrplanmäßigen Unterricht ergänzen, indem sie das wirtschaftliche, gesellschaftliche und kulturelle Leben unmittelbar und anschaulich zeigen, die musischen Anlagen der Schüler fördern und zum Sport anregen.

71 ÜBUNG

Vergleiche die Zahl der Nomen und Verben in den beiden Sätzen.

Der erste Text enthält nicht nur mehr Nomen, sie sind auch Träger der Aussage, das Verb erfüllt nur die grammatische Funktion als Prädikat („ist"). Im zweiten Satz stehen nicht nur mehr Verben, sie sind auch viel aussagekräftiger („sollen ergänzen", „zeigen", „fördern", „anregen"). Der Inhalt wird nicht mehr nur durch Nomen, sondern auch durch Verben ausgedrückt. Einige Nomen wurden durch Verben ersetzt:

Aufgabe ► **sollen**
Ergänzung ► **ergänzen**
Förderung ► **fördern**

Wenn ein Text viele Nomen enthält und sich der Inhalt (fast) ausschließlich in ihnen widerspiegelt, während die Verben hauptsächlich eine grammatische Funktion erfüllen, spricht man von **Nominalstil**. Das Gegenteil ist der **Verbalstil**: Die Aussage wird hier vor allem mit Verben formuliert.

72 ÜBUNG

Bestimme im Satz aus dem Schulunterrichtsgesetz (Seite 73) die Satzglieder und unterstreiche die Attribute.

Die Anhäufung von Nomen in einem Satzglied nennt man einen **nominalen Block**. Sätze mit langen Satzgliedern mit Attributen sind oft **unübersichtlich und schwer verständlich**; außerdem wirken sie schwerfällig. Besser ist es, zumindest einen Teil der Satzglieder in **Gliedsätze umzuwandeln**.

73 ÜBUNG

Ersetze die unterstrichenen Nomen durch Verben und wandle lange Satzglieder (zum Teil) in Gliedsätze um.

1. Die Einbeziehung einer Klasse in eine mehrtägige Veranstaltung setzt die Teilnahme von zumindest 70% der Schüler der Klasse voraus. [...] Mit Bewilligung der Schulbehörde erster Instanz kann die Prozentzahl unterschritten werden. (SchVV § 9 Abs. 2)
2. Bei der Auswahl der Unterkünfte sind das Vorhandensein geeigneter Aufenthaltsräume sowie ausreichender sanitärer Anlagen zu beachten. Die gleichzeitige Unterbringung von Schülerinnen und Schülern in einer Unterkunft ist nur dann zulässig, wenn für die Nächtigung eine räumliche Trennung (einschließlich der sanitären Anlagen) nach Geschlechtern gewährleistet ist. (SchVV § 10 Abs. 2)
3. Stört ein Schüler den geordneten Ablauf einer Schulveranstaltung in schwerwiegender Weise oder wird durch sein Verhalten die eigene oder die körperliche Sicherheit der anderen Teilnehmer gefährdet, so kann der Leiter der Schulveranstaltung den Schüler von der weiteren Teilnahme an der Schulveranstaltung ausschließen. In diesem Fall sind der Schulleiter und die Erziehungsberechtigten des betreffenden Schülers unverzüglich in Kenntnis zu setzen. Die Erziehungsberechtigten sind vor der Durchführung einer mehrtägigen Schulveranstaltung verpflichtet, eine Erklärung darüber abzugeben, ob sie im Falle des Ausschlusses ihres Kindes mit dessen Heimfahrt ohne Begleitung einverstanden sind oder für eine Beaufsichtigung während der Heimfahrt Sorge tragen werden. (SchVV § 10 Abs. 5)

ERKLÄRUNG

Der satzwertige Infinitiv

Du hast in Band 7, Seite 73 ff., bereits einiges über die verschiedenen Formen des Infinitivs sowie den satzwertigen Infinitiv erfahren. Die folgenden Übungen sollen testen, wie viel du dir davon gemerkt hast.

74 ÜBUNG

Bilde die verschiedenen Infinitive zu: er sagt, du nennst.

	Aktiv	Passiv
Präsens		
Perfekt		*gesagt worden (zu) sein*

Präsens		
Perfekt	*genannt (zu) haben*	

75 ÜBUNG

Ergänze:

Wenn ein Infinitiv durch eine nähere Bestimmung (oder auch mehrere) erweitert ist, spricht man von einem ....

„Satzwertig" heißt der Infinitiv deswegen, weil er einen .... ersetzt.

TIPP

Mit satzwertigen Infinitiven kannst du deinen Stil verbessern. Einerseits kannst du dass-Sätze durch satzwertige Infinitive ersetzen, wenn sie zu häufig auftreten, und so Wiederholungen vermeiden (vgl. Band 7, Seite 75). Andererseits kannst du so auch Nomen durch Verben ersetzen. Das ist dann sinnvoll, wenn ein Text bereits mit nominalen Blöcken überfrachtet ist.

Beispiel: Die **Einbeziehung** praktischer und graphischer Arbeitsformen, zB die Arbeit am Computer oder projektorientierte Arbeit, in mündliche und schriftliche Leistungsfeststellungen ist zulässig. (Leistungsbeurteilungsverordnung §3 Abs. 2) ▶
Es ist zulässig, praktische und graphische Arbeitsformen, zB die Arbeit am Computer oder projektorientierte Arbeit, in mündliche und schriftliche Leistungsfeststellungen *einzubeziehen*.

76 ÜBUNG

Ersetze den unterstrichenen dass-Satz bzw. die Wortgruppe mit dem unterstrichenen Nomen durch einen satzwertigen Infinitiv.

1. Der Schulleiter muss einen fachlich geeigneten Lehrer der betreffenden Schule mit der Leitung der Schulveranstaltung beauftragen.
2. Auf die Gewährleistung der Sicherheit der Schüler muss besonders geachtet werden.
3. Für die Durchführung von mündlichen Prüfungen soll nach Möglichkeit nicht der überwiegende Teil einer Unterrichtsstunde aufgewendet werden.
4. Wenn infolge vorgetäuschter Leistungen die Beurteilung eines Schülers für das 1. oder 2. Semester in einem Unterrichtsgegenstand nicht möglich ist, muss der Lehrer eine Prüfung über den Lehrstoff dieses Semesters durchführen.
5. Einem Schüler, der am Antreten zu einer Feststellungs- oder Nachtragsprüfung gerechtfertigterweise gehindert ist, ist unverzüglich nach Wegfall des Hinderungsgrundes ein neuer Termin zu setzen.
6. Fällt der Prüfungstermin in das folgende Unterrichtsjahr, so ist der Schüler bis zu diesem Termin zur Teilnahme am Unterricht der Schulstufe berechtigt, die er bei positivem Prüfungsergebnis besuchen dürfte.
7. Die Wiederholung einer Feststellungsprüfung ist nicht zulässig.
8. Die Eggs beklagen sich bei Miss Minus darüber, dass sie offensichtlich nicht imstande oder willens ist, dass sie Enzo und Emmy die Grammatik beibringt.
9. Miss Minus wiederum beklagt sich bei Exdirektor Fies darüber, dass ihr die Eggs nicht die Möglichkeit geben, dass sie während der Nachhilfestunde ihr Mittagessen zubereitet.
10. Exdirektor Fies bedauert, dass er Miss Minus nur sagen kann, dass sie die Suppe selbst auslöffeln muss.
11. Er gibt zu, dass er bis jetzt nicht gewusst hat, dass nicht nur in Mathematik, sondern auch in der Grammatik Begriffe wie „Klammer" oder „Kongruenz" vorkommen.
12. Die Eltern von Enzo und Emmy hoffen, dass ihre Kritik Miss Minus dazu veranlassen wird, dass sie sich mehr anstrengt.

ERKLÄRUNG

Satzklammer und Ausklammerung

- Miss Minus **hatte** für die Zwillinge Mandalas **vorbereitet**.

Das **Prädikat** besteht oft aus mehreren Teilen. Diese „umklammern" häufig andere Satzglieder (auch Gliedsätze). Wenn das der Fall ist, spricht man von einer **Satzklammer**.

- **Da** Exdirektor Fies mit Gliedsätzen 1. und 2. Grades nichts anfangen **kann**, muss Miss Minus ihre Suppe selbst auslöffeln.

Im **eingeleiteten Gliedsatz** wird die **Satzklammer** von der **Konjunktion** und der **Personalform des Prädikats** gebildet.

- **Da** Exdirektor Fies nichts anfangen **kann** **mit Gliedsätzen 1. und 2. Grades**, muss Miss Minus ihre Suppe selbst auslöffeln.

Manchmal werden Satzglieder (hier: „mit Gliedsätzen 1. und 2. Grades") aus der Satzklammer herausgenommen. Das nennt man **Ausklammerung**.

77 ÜBUNG

Wie wirkt sich die Ausklammerung im folgenden Beispiel stilistisch aus?

Es ist offensichtlich, dass er sich beim Laufen anstrengt.	Es ist offensichtlich, dass er sich anstrengt beim Laufen.

78 ÜBUNG

Im folgenden Satz ist die Satzklammer durch Unterstreichungen gekennzeichnet. Forme den Satz durch Ausklammerung um. Welche Wirkung kann man damit erzielen?

Enzo und Emmy wollen die Nachhilfestunden bei Miss Minus, die sie über sich ergehen lassen müssen, weil ihre Eltern es so wollten, nicht mehr besuchen.

Durch eine Ausklammerung kann man einerseits das vorgezogene Prädikat bzw. den vorgezogenen Prädikatsteil **stärker betonen**, andererseits (bei langer Satzklammer) eine Aussage **leichter verständlich** machen.

79 ÜBUNG

Wie beurteilst du folgenden Satz? Führe die Ausklammerung durch. Welche Version gefällt dir besser? Warum?

Betty Egg rief Miss Minus, weil sie sich beschweren wollte, an.

! TIPP

Wenn auf einen Gliedsatz in der Satzklammer nur mehr der Verbzusatz folgt, solltest du die Ausklammerung durchführen.

80 ÜBUNG

Unterstreiche die Wörter, die eine Satzklammer bilden, und forme durch Ausklammerung um.

1. „Wenn Sie auf diese Weise als Nachhilfelehrerin erfolgreich sein zu können glauben, dann täuschen Sie sich, Miss Minus!“
2. „Beruhigen Sie sich, Frau Egg! Mittlerweile habe ich mich intensiv mit Gliedsätzen 1. und 2. Grades, mit der Satzklammer und der Kongruenz beschäftigt.“
3. Anschließend beklagt sich Miss Minus bei Exdirektor Fies: „Es ist mit den Zwillingen nicht auszuhalten!“
4. Auch Frau Egg lässt sich in ihrer Wut nicht beschwichtigen.
5. „Sie hat sich wie eine Furie aufgeführt.“
6. Gott sei Dank kehrten sie unversehrt aus dem Urlaub in Thailand, dem eine verheerende Flutkatastrophe ein jähes Ende bereitet hatte, zurück.
7. Mit dem Flugzeug kamen sie in ihrer Vaterstadt, wo sie die Verwandten und Freunde erleichtert in die Arme schlossen, an.
8. Er ist so schnell wie ein Gepard gelaufen.
9. Ingemar Stenmark hat mehr Weltcuprennen als alle anderen Schirennläufer gewonnen.
10. Die Mitschüler lachten Enzo, weil er sich die Haare grün färben hatte lassen, aus.
11. In der Schule schreibt sich Emmy ab jetzt alle wichtigen Dinge, die sie nicht vergessen darf, auf.
12. Bei den Olympischen Winterspielen 1998 wurde eine neue Disziplin, das Snowboarden, eingeführt.
13. Kaiserpinguine wechseln in der Kolonie ständig ihre Plätze, da es im Inneren um 60 Grad wärmer als am Rand sein kann.

...PAUSE!

ERKLÄRUNG

Kongruenz

Kongruenz ist die Übereinstimmung zwischen verschiedenen Wörtern oder Satzteilen. Den einfachsten Fall, die Kongruenz zwischen Subjekt und Prädikat, haben wir bereits in Durchstarten 5, Seite 111 geübt. Jetzt geht es um einige weitere Fälle.

ERKLÄRUNG

Ich und er – wir, oder: Kongruenz der Person

Von berühmten Leuten und begabten Schauspielern
Sind im Subjekt eines Satzes zwei oder mehrere Personen genannt, kann das mehrteilige Subjekt durch **ein Personalpronomen**, mit dem du das Prädikat in Übereinstimmung bringst, ersetzt werden.

Beispiel: Ich und er (**wir**) ***haben*** alle Vorstellungen besucht.

81 ÜBUNG

Ergänze in der Klammer das „zusammenfassende" Personalpronomen und setze das nach dem Satz angeführte Verb in die dafür vorgesehene Leerstelle.

1. Du, Mimi und ich (.....) .... beim Schlussapplaus den Vorhang öffnen. (werden)
2. Ihr und Jakobs Kusinen (.....) .... als Maskenbildner eine Klasse für sich. (sein)
3. Jonny und Franz (.....) .... die Gestaltung des Programmheftes. (übernehmen)
4. Hansi, Greti und ich (.....) .... trotz ausgefallener Scheinwerfer nicht aus der Ruhe bringen. (sich lassen)

Apropos Ruhe! Du hast dir nun wirklich eine Ruhepause verdient. Gestalte sie so, wie es für dich am angenehmsten ist. Ist eine Anregung wünschenswert? Als angehender Schauspieler solltest du einen Spaziergang ins Auge fassen. Bedenke, dass frische Luft den Geist belebt und (auch) zu neuen (Grammatik)taten anspornt.

ERKLÄRUNG

Kongruenz von Relativpronomen und Beziehungswort

Mit den Relativpronomen (bezüglichen Fürwörtern) **der, die, das; welcher, welche, welches** sowie **wer** und **was** werden Relativsätze eingeleitet. Das Relativpronomen bezieht sich auf ein anderes Wort. Es stimmt mit seinem Beziehungswort in Geschlecht und Zahl überein.

Beispiel: Ein **Handy** ist ein Kommunikationsmittel, **das** oft zum Einsatz kommt.

Handy ist Neutrum Sg., daher steht das Relativpronomen **das** ebenfalls im Neutrum Sg.

Beispiel: Sogar der Hauptdarsteller, **dessen** Handy auf der Probe dauernd läutet, will immer erreichbar sein.

Es geht um das **Handy des Hauptdarstellers**. Daher steht auch das Relativpronomen **dessen** im **Genitiv**.

82 ÜBUNG

Wähle aus den folgenden Relativpronomen das jeweils richtige aus und fülle damit die Textlücke.

welche, wer, die, was, den, dem, was, der, die, deren, wer

In den folgenden Rätseln begegnest du zwei berühmten Frauen. Du könntest noch viel mehr über sie erfahren, wenn du nachforschst. Ist sicher spannend!

Nach dem Motto: Ich schaue nach, ... die beiden weiblichen Berühmtheiten sind und .... sie geleistet haben.

Rätsel Nummer 1: Eine Frau, ... in die Geschichte eingegangen ist, ist Margarethe S.-L. .... sie kennt, ist gut informiert.
Sie war eine Architektin, ... Erfindung den Menschen zugute kam, ... nicht zu den Begüterten gerechnet werden konnten.
Ihre erste moderne Einbauküche bot alles, ... sich die Frau der 30er Jahre gewünscht hatte.

Rätsel Nummer 2: Diese Berühmtheit fuhr nach Salzburg zu einem Vortrag, ... Albert Einstein hielt.
Ihr Kollege war Otto Hahn, mit .... sie über Radioaktivität forschte.
Sie prägte als Erste den Begriff „Kernspaltung“, ... für jene Energie steht, ... für Kernkraftwerke genutzt wurde und wird.

mailto:exdirex.fies@out.com
Lieber Herr Ex-Direx,
musste heute Madame Egg Rede und Antwort stehen. Höchst peinlich, wie Sie sich denken können. Ich will auch gar nicht zu sehr ins Detail gehen. Schreckliche Person! Allein die Stimme sollten Sie einmal gehört haben, ich schwöre Ihnen, da möchten Sie aus der Haut fahren … Also, nach dem Desaster beim Satzbau, sagt sie, hätten Emmy und Enzo beinahe die Schularbeit verhaut. Nun sei sie sehr gespannt, ob das in diesem Stil weitergehe. In diesem Stil?, frage ich nach. Ich wisse schon, sagt sie, Stichwort Mandalas, ich brauche nicht die Ahnungslose zu mimen. Wäre sie selbst Nachhilfelehrerin, würde sie jedenfalls mit einer professionellen Lernhilfe an die Arbeit gehen.
Hätte, wäre, sollte, müsste: papperlapapp.
Und überhaupt: Die einzige professionelle Lernhilfe ist eine Frau Professor Nachhilfelehrerin.
Ihre Miss Minus
DURCHSTARTEN DEUTSCH!
mailto:miss.minus@4.Klasse
Ihre Qualitäten in Ehren, meine Liebe, aber ein wenig Hilfe kann doch nicht schaden. An Ihrer Stelle ginge ich in die nächste Buchhandlung und besorgte mir eine komplette Serie „Durchstarten".
Und ganz nebenbei: Sie lassen sich doch nicht etwa „Frau Professor" nennen?
Ihr Ex-Direktor Fies ☹

ERKLÄRUNG

Die Zeiten – eine Wiederholung

Du hast in den Bänden 5 bis 7 einiges über die Zeiten gelernt. Die folgende Übung soll dir zeigen, wie viel du dir davon gemerkt hast.

83 ÜBUNG

Bilde die fehlenden Zeiten:

Präsens	er läuft	ich rufe
Präteritum	....	....
Perfekt	....	....
Plusquamperfekt	....	....
Futur	....	....

Solltest du nicht alles gekonnt haben, gehe in Band 5 die Seiten 80–88 durch. Nun besprechen wir die einzige Zeit, die du noch nicht kennst: das Futur II.

ERKLÄRUNG

Das Futur II

Enzo: „Heute haben wir in der Schule ein megaschwieriges Diktat zur Groß- und Kleinschreibung bekommen!"
Betty: „So schlimm **wird** es schon nicht **gewesen sein!** Ihr **werdet** nicht genug **gelernt haben.**"
Emmy: „Doch! Morgen Nachmittag um diese Zeit **werden** wir es schon **zurückbekommen haben**. Dann wirst du es selbst sehen!"

Das **Futur II** kann Folgendes ausdrücken:
- eine **Vermutung über etwas Vergangenes**: *So schlimm **wird** es schon nicht **gewesen sein**!* (= Wahrscheinlich ist es nicht so schlimm gewesen.)
- einen in der Zukunft **abgeschlossenen Vorgang**: *Morgen Nachmittag **werden** wir es **zurückbekommen haben**.*

Regel: **Bildung des Futur II:**

Personalform von „werden"	+ 2. Partizip	+ haben/sein
es **wird**	**gewesen**	**sein**
wir **werden**	**zurückbekommen**	**haben**

84 ÜBUNG

Bilde das Futur II.

1. ich lerne ....
2. du reitest ....
3. er arbeitet ....
4. wir kommen ....
5. ihr hört ....
6. sie helfen ....

Du kennst jetzt alle Zeiten. Vor dem nächsten Abschnitt könntest du dir daher eine Pause gönnen.

Im Folgenden soll ein Kapitel wiederholt werden, bei dem immer wieder Fehler gemacht werden: die **Zeitenfolge**.

85 ÜBUNG

Ergänze folgende Tabelle:

Zeitform des Prädikats	
Hauptsatz	**Gliedsatz (etwas, das schon vorher passiert ist, steht im)**
Präsens	
Präteritum	

Solltest du dich hier nicht mehr erinnern können, schlage in Band 6, Seite 93, und/oder in Band 7, Seite 69, nach.

86 ÜBUNG

Ergänze das Verb in Klammer in der richtigen Form.

1. Wir wissen, dass Alexander der Große mit seinem Heer viele Völker (besiegen) ....
2. Nachdem sein Vater (ermordet werden) ...., folgte er ihm auf den Thron.

ERKLÄRUNG

Die Modalverben

Wollen, **sollen**, **müssen**, **dürfen**, **können**, **mögen** sind **Modalverben.** Sie nehmen die Abstufung, die Abänderung einer Aussage vor und geben ihr damit eine bestimmte **Färbung**. Der Fachausdruck dafür lautet: **Modifizierung.** Die Modalverben drücken aus eine:

- Bereitschaft/einen Willen/eine eigene Absicht/einen Wunsch (**wollen**),
- Möglichkeit/Fähigkeit (**können**),
- Neigung/eigene Absicht (**mögen**),
- Notwendigkeit/einen Auftrag (**müssen**),
- Forderung/einen Auftrag (**sollen**, auch **müssen**),
- Erlaubnis/Möglichkeit (**dürfen**).

Modalverben sind Verben, die den Inhalt eines anderen Verbs (des Vollverbs) modifizieren (d.h. abstufen, verändern, färben).

Das **Modalverb** bildet gemeinsam mit dem **Vollverb** das **Prädikat**;
zB Er **will** am Abend **ausgehen**. (**Prädikat: will ausgehen**)

Als Personalform stimmt das Modalverb mit dem Subjekt in Person und Zahl überein. Das Vollverb drückt den genauen Sachverhalt aus und steht im Infinitiv (Nennform).

87 ÜBUNG

Unterstreiche in jedem Satz das Prädikat.

Ergänze nach dem jeweiligen Beispielsatz, welche Bedeutung (Färbung) die fett gedruckten Modalverben aufweisen.
Was könnte ich werden? Das ist auch eine Frage der Zeit(einteilung)!

Beispiel: Ein DJ? Der **darf** lange **aufbleiben**. ► *Erlaubnis, Berechtigung*

1. Eine Kunstreiterin? Die **will** zu jeder Jahreszeit hoch zu Ross unterwegs sein.

   ....
2. Ein (wirklich berühmter) Filmstar? Der **muss** sein ganzes Leben lang zu jedem Interview zwei Stunden zu spät kommen. ....
3. Eine Nachhilfelehrerin? Die **soll** ihren Schülern ihr gesamtes Wissen in möglichst kurzer Zeit (und kostengünstig) vermitteln.

   ....
4. Ein Musterschüler? Der **kann** sich jederzeit viel erlauben.

   ....
5. Eine Polizistin? Die **möchte** nachts von Langsamfahrern, geregelten Kreuzungen und Parkuhren träumen. ....

TIPP

Ist es dir aufgefallen? Jeder Stammvokal (**o**, **ü**, **ö**) kommt zweimal vor: w**o**llen/s**o**llen; m**ü**ssen/d**ü**rfen; k**ö**nnen/m**ö**gen. (So kannst du dir die sechs Modalverben noch leichter merken.)

Enzo **will** mit Mister Jones, seiner Katze, **herumtollen**.

▼ **Modalverb in der Personalform**

▼ **Vollverb im Infinitiv**

Der Satz könnte auch so lauten:
Enzo hat Lust, mit Mister Jones **herumzutollen**.

88 ÜBUNG

Ändere die Aussage in den folgenden Sätzen ab, indem du ein Modalverb verwendest.

Beispiel: Mutter Betty Egg hat sich fest vorgenommen, ihren Zwillingen mehr Zeit zu widmen. ► Sie *will* ihnen mehr Zeit *widmen*.

1. Emmy erhält die Empfehlung, eine Sprachreise nach Malta zu unternehmen. (Miss Minus fährt selbstverständlich mit.)
2. Vater Boris wird deshalb mit Nachdruck aufgefordert, Miss Minus einen Besuch abzustatten.

89 ÜBUNG

Forme die direkte Rede so um, dass anstelle der unterstrichenen Wortgruppen Modalverben vorkommen.

Beispiel: Der Sekretär zu seiner Ex-Chefin: „Ich habe die Absicht, Sie zu heiraten." ► *„Ich will Sie heiraten!"*

1. Ein Ex-Schüler zum anderen: „Unser Ex-Direktor besaß die Fähigkeit, eine Frage so zu beantworten, dass sich keiner auskannte."
2. Ein Mädchen zu seinem Ex-Freund: „Ich erlaube dir nicht mehr, mich von der Schule abzuholen.
3. Ein Kammerdiener zur Königin des gesamten Volkes: „Heute hätte ich das große Verlangen Ihnen zu sagen, dass ich Ihre Befehle satthabe." (Seither ist er ein Ex-Diener.)

...PAUSE!

ERKLÄRUNG

Wer WILL schon (etwas tun MÜSSEN)? Vollverb oder Modalverb?

Es folgen nun zwei Hinweise für Grammatik-Freaks!

- In dem Satz „Anna **darf** nicht ins Kino!" kommt kein Verb außer dem Modalverb **dürfen** (in der Personalform) vor. Das Prädikat ist einteilig. Das Modalverb wird als Vollverb verwendet.
- Dagegen wird es in dem Satz „Sie **darf** nicht ins Kino **gehen**" als Modalverb verwendet, weil **gehen** das Vollverb ist. Ein zweiteiliges Prädikat liegt vor.
- In den folgenden Beispielen sind **wollen** und **mögen** mit einem dass-Satz (in der Rolle eines Akkusativobjekts) verbunden. Auch hier handelt es sich nicht um ein Modal-, sondern um ein Vollverb, weil in diesem Fall das Prädikat des Hauptsatzes einteilig ist.

Anna **möchte**, dass Lisa mitkommt.
▼ Hauptsatz ▼ Gliedsatz (Objektsatz)

Die Mutter **will**, dass Anna Geige übt.
▼ Hauptsatz + ▼ Gliedsatz (= Satzgefüge)

ERKLÄRUNG

Modalverben im Perfekt und im Plusquamperfekt

Regel: Wenn im Perfekt und im Plusquamperfekt vor dem Modalverb ein reiner Infinitiv (Infinitiv ohne zu) steht, wird statt des 2. Partizips der **Infinitiv** verwendet.

Enzo und Emmy **haben** (hatten) eine Skatertour **unternehmen** **wollen**.
▼ Personalform ▼ Infinitiv ▼ **(Ersatz)Infinitiv**

Das **Prädikat** dieses Satzes besteht aus drei Teilen:
haben unternehmen wollen.
Auch im Konjunktiv findet sich der **Ersatzinfinitiv**.
Sie **hätten** (2. Konjunktiv) ihre Eltern um Erlaubnis fragen **sollen**.

Regel: Tritt das Modalverb ohne den Infinitiv eines anderen Verbs auf, wird es wie ein Vollverb verwendet. In diesem Fall werden Perfekt und Plusquamperfekt mit dem **2. Partizip** gebildet.

Ihre Eltern **hätten** das in ihrer Jugendzeit wahrscheinlich auch **gewollt**.
▼ Personalform ▼ **2. Partizip**

ERKLÄRUNG

Modifizierende Verben

Regel: Neben den Modalverben können auch Verben wie **pflegen, scheinen, vermögen, brauchen, drohen, versprechen, treffen, anfangen, haben, beginnen, bitten, aufhören, fürchten, hoffen, glauben, versuchen, wünschen** Aussagen in verschiedener Weise abstufen, abändern, färben (= modifizieren). In dieser Verwendungsweise werden sie als **modifizierende Verben** bezeichnet.

Wie die Modalverben geben sie Aussagen eine bestimmte inhaltliche Note. Grammatisch allerdings werden sie anders als diese verwendet.

Modifizierende Verben erscheinen im Satz in der **Personalform**. Im Unterschied zu den Modalverben treten sie mit einem aussagenden Verb auf, das im **Infinitiv mit zu** steht. Modifizierendes Verb und **Infinitiv** mit **zu** bilden gemeinsam das **Prädikat**.

- Der Kleine mit der Stehfrisur **gewinnt** gegen den Großen mit der Kappe.

▼
Vollverb (Prädikat)

Diese Aussage kannst du nun verändern (= modifizieren).

- Der Kleine **hofft** das Match **zu gewinnen.**
  Andere „Färbung" gefällig?
  Er **scheint/meint/versteht/gedenkt/wünscht ...** das Match **zu gewinnen.**

- Der Kleine **vermag** das Match **zu gewinnen**.

▼ **Modifizierendes Verb** (Personalform)
▼ **Aussagendes Verb** (Infinitiv mit *zu*)

Nur das Verb **brauchen**, das dem Modalverb **müssen** gleichgesetzt wird, kann in verneinten Sätzen als modifizierendes Verb mit **zu** und auch als Modalverb ohne **zu** verwendet werden.

- Er **muss** nicht gegen den Überschlanken **spielen**.
- Er **braucht** auch nicht gegen den etwas Korpulenten **(zu) spielen**.

90 ÜBUNG

Bilde je einen Satz mit *brauchen* als Modalverb (MV) und als modifizierendes Verb (mdfz. V). In einem dritten Satz bildet *brauchen* ganz allein das Prädikat. Bleib beim Thema Tennis!

91 ÜBUNG

Setze die richtigen Verbformen ein und hebe die Satzklammer hervor, indem du die beiden Teile des Prädikats unterstreichst.

Beispiel: wissen – schätzen: Tommy Dorsey, der unvergleichbare Saxophonspieler, *weiß* das Urteil seines Lehrmeisters *zu schätzen*.

1. scheinen – vergessen: Nie ... er dessen Anweisungen ... .
2. brauchen – warten: Nach der „Moonlight Melody" ... er nicht auf den Applaus seiner begeisterten Zuhörerinnen (...)... .
3. hoffen – kennen: T. D. ... das Lieblingsstück seiner Freundin genau ... . (Hoffentlich täuscht er sich nicht.)
4. pflegen – verbringen: Er ... täglich vier Stunden hinter dem Sax ... .
5. beginnen – werden: Seine Konzerte und unsere Grammatikübungen ... nie langweilig ... .

Modifizierende Verben kommen in anderer Bedeutung auch als **Vollverben** (ohne Infinitiv) vor:

Gedämpftes Licht	**scheint**	auf die Bühne herab.
Die Damen	**hoffen**	auf ein Autogramm nach dem Konzert.
Deshalb	**wünscht**	das männliche Publikum Musik ohne Ende.
	▼	
	Vollverb	

92 ÜBUNG

Ergänze in der Klammer, ob es sich um ein modifizierendes Verb (kürze ab: mdfz. V) oder um ein Vollverb (Vv) handelt.

Unterstreiche den Infinitiv mit zu, der zusammen mit dem modifizierenden Verb das Prädikat bildet.

1. Sein Auftritt verspricht ein Erfolg zu werden. (....................)
   Er verspricht ihr einen Platz in der ersten Reihe. (....................)
2. Dieser Barmixer versucht bestimmt sein Bestes zu geben. (....................)
   Trotzdem versuche ich diesen giftgrünen Drink nicht. (....................)
3. Allmählich beginnt der Morgen zu grauen. (....................)
   Nun beginnt ein neuer Tag und eine andere Geschichte. (....................)

ERKLÄRUNG

Der 1. Konjunktiv

- **Bildung:**

  Bei der **Bildung** des 1. Konjunktivs wird vom Präsensstamm ausgegangen (Infinitiv ohne Endung = Präsensstamm).
  An den Stamm werden die Endungen angefügt:

Indikativ	**Konjunktiv**
Ich liebe	ich liebe
du liebst	du lieb**e**st
er liebt	er lieb**e**
wir lieben	wir lieben
ihr liebt	ihr lieb**e**t
sie lieben	sie lieben

Die blau gedruckten Formen lauten im 1. Konjunktiv und im Indikativ (Wirklichkeitsform) gleich. Um Klarheit zu schaffen, wird der 1. durch den 2. Konjunktiv ersetzt.
(Dazu gibt ab Seite 91 eine Erklärung und eine Übung.)

Zu den Hilfsverben **hab(en), sei(n) und werd(en)** lauten die Formen:

Indikativ	**Konjunktiv**
du hast	du hab**est**
er ist	er **sei**
ich werde	ich werde

- **Verwendung:**

  Du brauchst den **1. Konjunktiv** vor allem bei der **indirekten Rede.**
  Der 1. Konjunktiv stellt klar, dass die Äußerung nicht von dir ist, sondern dass du die Aussage einer anderen Person kommentarlos wiedergibst.
  Der 1. Konjunktiv wird auch als Aufforderung in Anweisungen (***Man** nehme täglich 1 Tablette!*) in Kochrezepten (*man **vermenge** …*) verwendet sowie zum Ausdruck von Wünschen (*Es **werde** Licht!*).

ERKLÄRUNG

Der Konjunktiv in der indirekten Rede

Von der größten Beere der Welt
Nun bieten wir Wissenswertes in doppelter Hinsicht. Sozusagen Nahrung für Geist und Körper. Die Formel dazu lautet:
K. und **K.**: Der **K**onjunktiv und der **K**ürbis.

93

ÜBUNG

Schreibe aus dem folgenden Text die fett gedruckten Verben (Personalformen) der indirekten Rede im Indikativ auf.

Der Kürbis ist schon sehr lange bekannt, aber keiner hat sich um ihn gekümmert. Ab dem 21. Jahrhundert war das schlagartig anders. Seither geht ohne diese Frucht absolut nichts mehr.
Ein Kenner der Szene berichtet, dass sich der vielseitige Kürbis für Suppen, Hauptgerichte und Nachspeisen hervorragend ***eigne,*** *denn diese im Trend liegende Frucht* ***bringe*** *Abwechslung auf den Speiseplan und* ***beglücke*** *den Menschen.*
Der Kenner ist der Meinung, die weltgrößte Beere ***werde*** *in den letzten Oktobertagen auch für das geschätzt, was man aus ihr herausschneidet.*

er ....;

sie .... und sie ....;

sie ....;

ERKLÄRUNG

Der 2. Konjunktiv

Regel:

- Der **2. Konjunktiv** wird von der Form des Präteritums abgeleitet:
  er **ginge**, sie **wäre** ...
  Er drückt aus, dass etwas nicht den Tatsachen entspricht, dass etwas Unwirkliches (Irreales) zur Sprache kommt.
- Wenn 2. Konjunktiv und Präteritum Indikativ gleich lauten, wird die **Umschreibung mit *würde*** gewählt:
  Er **schaute nach**. ► eindeutig: Er **würde nachschauen.**
  Veraltete Formen des 2. Konjunktivs werden ebenfalls gegen **würde** plus **Infinitiv** ausgetauscht: Er **flöge**. ► moderner: Er **würde fliegen.**

94

ÜBUNG

Unterstreiche im Text alle Formen des 2. Konjunktivs. In welchem Beispiel lauten 2. Konjunktiv und Präteritum Indikativ gleich? Welche Ersatzform ist sinnvoll, weil sie eindeutig ist? Notiere die veralteten Konjunktivformen.

Schön *wär's*, wenn er recht *hätte*! Oder doch nicht?
Herr Dr. Katastrofski betonte in seinem Vortrag, dass die Ernährung der meisten Jugendlichen zu abwechslungsreich und zudem zu vitaminreich wäre. Sie äßen in geradezu sträflicher Menge Kürbisse, anderes Gemüse und Obst, hingegen stünden Pommes frites und Burger viel zu selten auf ihrem Speiseplan. Der etwas verwirrt wirkende Vortragende wies auch darauf hin, dass die jungen Leute sich viel mehr schonen müssten, denn zu viel Bewegung trüge keineswegs zu einem günstigen Verlauf ihrer körperlichen Entwicklung bei. Es wäre auch zu bedenken, schloss der (Un)wissenschaftler, dass diejenigen, die zu viel schwämmen, Gefahr liefen, Schwimmhäute zwischen Zehen und Fingern zu bekommen.

ERKLÄRUNG

Ersatzform für den 1. Konjunktiv

Wie zu Beginn dieses Kapitels bereits erwähnt, lauten manche Verbformen im Indikativ und im 1. Konjunktiv gleich.
Wenn – wie in den folgenden Beispielen – Indikativ und 1. Konjunktiv gleiche Formen aufweisen, wird als Ersatz der 2. Konjunktiv verwendet.

Direkte Rede: Er sagt (leicht genervt): „Wir **essen** jeden dritten Tag Kürbiscremesuppe." (**Indikativ Präsens**)
Indirekte Rede: Sie korrigiert, dass sie jeden zweiten Tag Kürbiscremesuppe **essen**. (**1. Konjunktiv**)

Um Missverständnisse auszuschließen, wird statt des 1. Konjunktivs der 2. Konjunktiv verwendet:
Indirekte Rede: Sie korrigiert, dass sie jeden zweiten Tag Kürbiscremesuppe **äßen**. (**2. Konjunktiv**)
Die Form „äßen" ist grammatikalisch richtig, wirkt aber veraltet.
(Zur Erinnerung: Der 2. Konjunktiv leitet sich vom Präteritumstamm ab.)
Du kannst die Umschreibung mit **würde** wählen:
Sie korrigiert, dass sie **essen würden**. (**Infinitiv und 2. Konjunktiv**)

95 ÜBUNG

Die folgenden Aussagen des bereits zitierten Kenners der Szene werden in indirekter Rede wiedergegeben. Der verwendete 1. Konjunktiv (*kursiv gedruckt*) unterscheidet sich nicht vom Indikativ Präsens. Wähle deshalb den 2. Konjunktiv, um keine Zweifel aufkommen zu lassen.

Beginne so: Sie teilten uns mit, ...

Sie teilten uns mit, dass Kürbisse im Herbst auf den Tisch und vor die Tür *müssen* und dass sie die runden, länglichen und abenteuerlich gebogenen Früchte in den Modefarben Orange, Gelb, Rot und Grün vom Feld geholt und brav bezahlt *haben*. Ihnen *kommen* bereits die tollsten Gerichte in den Sinn, während sie nach Hause *gehen*.

96 ÜBUNG

Übertrage die Aussagen in die indirekte Rede.

Wichtig! Lauten Indikativ und 1. Konjunktiv gleich, verwende den 2. Konjunktiv. Wenn der 2. Konjunktiv nicht klar erkennbar ist, wähle die Umschreibung mit *würde*.

Der 5-Sterne-**K**ürbis-**K**och, der auch **H**obby-**H**istoriker ist, erzählt:
„Schon vor 10 000 Jahren haben die Bewohner von Süd- und Zentralamerika den Kürbis angebaut. Ausgrabungen zeigen, dass man von einer richtigen Kürbiskultur-Epoche sprechen kann. Damals sind die Kürbisse noch sehr bitter gewesen. Wir müssen froh sein, dass unsere Vorfahren bitterstofffreie Formen entwickelt haben.
Die Indianer verwenden den Kürbis auch zur Herstellung von Vorratsgefäßen, Löffeln, Rhythmusinstrumenten und als Schwimmbojen. Kurz nach der Entdeckung Amerikas kommen in Europa die größten Beeren der Welt auf den Speiseplan. Besonders schmackhafte Kürbisarten stammen vom texanischen Kürbis ab.
100 g Fruchtfleisch enthalten nur 25 Kalorien, und deshalb geht ohne Kürbis überhaupt nichts mehr. Diese gesunde Frucht schmeckt nun einmal hervorragend – in vielen Variationen, vom Kürbiskuchen bis zum Kürbis im Käsemantel. (Da sind mehr Kalorien vorhanden. Wegen des Mantels!)

Nun der bereits angekündigte **Rezeptvorschlag: Kürbiscremesuppe.**
Da dieses Rezept in einem Lernhilfe-Buch veröffentlicht wird, ist daran eine „kleine" Übung geknüpft.

97 ÜBUNG

Konjunktivformen können auch im Passiv stehen und Personalformen sein. Notiere die Anzahl der Konjunktivformen, Passivformen, Infinitive und Aktivformen.

Die Angaben gelten für vier Personen.
Man hacke zwei kleine Zwiebeln und röste sie in Butter (2 dag) glasig an. 60 dag Kürbis werden geschält und geraffelt. In einem halben Liter Rindsuppe garen lassen. Angebratene Zwiebeln einrühren.
Nun mischst du 2 Eier mit 1 Liter Milch und gibst diese Mischung zur Suppe dazu. Bei mäßiger Hitze ziehen lassen. Die Suppe soll nicht mehr aufkochen. Mit Salz, Pfeffer, Muskatnuss wird abgeschmeckt. Die Muskatnuss reibe man frisch. Käse (etwa 4 dag) und Petersilie einstreuen. Die Suppe wird auf vorgewärmten Tellern serviert. Geröstete Weißbrotwürfel streust du darauf.
Gutes Gelingen wünscht dir das gesamte Durchstarten-Team.

Konjunktiv: ..... Passiv: ..... Infinitiv: ..... Aktivform: .....

ABSCHLUSSÜBUNG 7

Übertrage folgenden Text in indirekter Rede in dein Heft. Und zwar berichtete Alberto seinem Mitschüler Enzo, der sich beim Geländelauf verlaufen und deshalb Wichtiges nicht erfahren hatte. Verwende 1. und 2. Konjunktiv.

Die Turnlehrerin erinnerte uns: „Nächste Stunde wird Springschnurspringen geprüft. Hoffentlich haben wir die Sprungkraft australischer Kängurus. Eurer Lieblingslehrerin ist jedenfalls ein Springschnurfestival darzubieten. Wer gleich am Anfang über seine eigenen Beine stolpert, soll nicht allzu hoch in die Luft gehen.
Sie fragte aufmunternd: „Darf ich mit überschwänglicher Schwingarbeit rechnen? Nach dem Sprungbewerb können wir eine Runde plaudern.“

Alberto berichtete,
dass nächste Stunde ...

ERKLÄRUNG

Aktiv – Passiv

- Im **Aktiv** wird mitgeteilt, **wer etwas tut**. Der Träger der Handlung (der Verursacher, der Täter, das Subjekt) ist wichtig.
  ZB: Der Snowboarder **nennt** den vorderen Teil seines Geräts „Nase".

- Das **Passiv** erkennst du an der Personalform des Hilfsverbs **werden** und an dem **2. Partizip** des Vollverbs.
  ZB: Der vordere Teil des Geräts **wird** (vom Snowboarder) „Nase" **genannt**.
  Die Information in der Klammer (das ist ein Präpositionalobjekt) kann weggelassen werden.
  Im **Passiv** steht das Geschehen oder die Handlung im Vordergrund:
  Vorgangspassiv: zB Die Piste **wurde präpariert**.
  Wird das Ergebnis des Geschehens oder der Handlung mitgeteilt, findet das **Zustandspassiv** (gebildet mit dem Hilfsverb *sein*) Verwendung; zB Die Piste **war präpariert**. Der Verursacher oder Täter muss nicht genannt werden.

VORSICHT! VERWECHSLUNGSGEFAHR!

1. Futur Aktiv (**werden** + **Infinitiv**):	Er **wird** das Rennen **gewinnen**.
Präsens Passiv (**werden** + **2. Partizip**):	Das Rennen **wird gewonnen**.

98

ÜBUNG

Unterscheide und notiere daneben:
1. Futur Aktiv oder Präsens Passiv.

1. Der Jugendklub **wird** einen Snowboardkurs **anbieten**. ....
2. Der Kurs **wird** (vom Jugendklub) **angeboten**. ....

ERKLÄRUNG

Die Zeitformen des Passivs

Regel: Passivsätze werden verwendet,
1. wenn der Handelnde unbekannt ist:
   Ein Skihandschuh **war gefunden worden**.
2. wenn seine Nennung nicht wichtig erscheint:
   Die Bretter **werden** mit Heißwachs **behandelt werden**.
3. wenn der Sprecher/Schreiber den (oder die) Täter nicht angeben will:
   Am Abend **ist** in der Hütte ziemlich falsch **gesungen worden**.

99

ÜBUNG

Lies die Beispielsätze in der Erklärung von Seite 94 zur Verwendung des Passivs nochmals. Notiere die drei fett und weinrot gedruckten Prädikate, die Verben im Passiv aufweisen, und ergänze daneben die Zeitform.

1. ....

2. ....

3. ....

Zusammenfassung

Aktiv

Das **Präsens** und das **Präteritum** werden nur von der Personalform gebildet:

sie ***kommt***	►	Präsens
sie ***komme***	►	1. Konjunktiv (abgeleitet vom Präsens)
sie ***kam***	►	Präteritum
sie ***käme***	►	2. Konjunktiv (abgeleitet vom Präteritum)

Alle **anderen aktiven Zeitformen** werden mit den **Hilfsverben** *werden, sein* oder *haben* und einem Verb gebildet:

er ***hat gewartet***	►	Perfekt
sie ***war gekommen***	►	Plusquamperfekt
er ***wird warten***	►	1. Futur
wir ***werden erreicht haben***	►	2. Futur

Vorgangspassiv

ist eine zusammengesetzte Verbform; die Personalformen werden mit dem Hilfsverb *werden* gebildet:

sie ***wird begrüßt***	►	Präsens
du ***wirst eingeladen werden***	►	1. Futur
er ***wurde eingeladen***	►	Präteritum
wir ***sind eingeladen worden***	►	Perfekt
ihr ***wart eingeladen worden***	►	Plusquamperfekt

Zustandspassiv

ist eine zusammengesetzte Verbform. Aus dem Hilfsverb *sein* werden die Personalformen gebildet:

Die Tür ***ist verschlossen***	►	Präsens
Die Tür ***ist verschlossen gewesen***	►	Perfekt

100 ÜBUNG

Unterstreiche das Prädikat und ergänze neben dem Satz die jeweilige Zeitform. Forme dann die Sätze um: Die Aktivsätze ins Passiv und umgekehrt. Die Zeitform bleibt gleich.

Beispiel: Enzo nützt die wichtigen Minuten vor dem Start ins Schneevergnügen. *Präsens Aktiv*
Umformung ▶ Die Minuten *werden* (von Enzo) *genützt*. *Präsens Passiv*

Aufwärmrunde Nummer 1: Handschuh-Rugby

1. Es werden zwei Mannschaften gebildet. ....
2. Die Anzahl der Spieler wurde nach der Größe des Spielfeldes festgelegt. ....
3. Die Tore sind mit zwei Schistöcken markiert worden. ....
4. Enzo hatte einen Handschuh zur Verfügung gestellt. ....
5. Eine Gruppe wird den Handschuh möglichst oft ins Gehäuse ihrer „Gegner" legen. ....

101 ÜBUNG

Wie Übung 100.

Aufwärmrunde Nummer 2: Dehnen

1. Der Oberkörper war mit durchgestreckten Beinen nach vorne gebeugt worden. ....
2. Ein Zug an der Oberschenkelhinterseite wurde gespürt. ....
3. Du hast nun deine Gelenke beweglich gemacht. ....
4. Die Abfahrt wird bestens vorbereitet in Angriff genommen werden. ....

mailto:miss.minus@4.Klasse
Liebste mm,
haben Sie mit Ihren Lieblingen schon die Präpositionen gemacht? Das wird den präpotenten Enzo sicher auf den Boden der Wirklichkeit zurückholen. Habe mich eben selber ein wenig schlau gemacht. Habe da nämlich eine geheime Wissensquelle angezapft ...
Ihr Ex-Direktor Fies ☹
mailto:exdirex.fies@out.com
Aus, um, zu, während usw. – die Präpositionen habe ich doch in meinem linken kleinen Finger, dafür brauche ich weder Ihre geheime Wissensquelle (und schon gar nicht dieses „Durchstarten", das mir die Old-Eggs immerzu einreden wollen). Beispiele gefällig?
• Bevor ihm die Luft *aus*geht, gibt ein guter Lehrer einfach ein Diktat.
• Kinder gehen zuerst in die Schule *um* danach richtige Menschen *zu* werden.
• *Während* ich Schüler hasse, die auf Fragen antworten, als wären sie ... als wären sie erwachsen, mag ich solche besonders, die immer brav aufzeigen.
Gut gemacht, NICHT???
Grins!
mm

ERKLÄRUNG

Präpositionen

102

ÜBUNG

Unterstreiche alle 22 Präpositionen im Text.

Achtung! Nicht alle Wörter, die wie Präpositionen aussehen, sind auch welche! (ZB in Satz 1: Wie sehe ich aus?)

Ein O sucht Arbeit – Eine Buchstabengeschichte

1. „O-ch, wie sehe ich aus?"
2. Das große O beugt sich nach vOrne, um sich ganz genau im Badezimmerspiegel betrachten zu können.
3. Ein Bild des Jammers. TrOstlOs.
4. Das O rOllt sich unter die Brause und dreht den Hahn vOll auf.
5. „An diesem Tag muss ich in der Stadt Arbeit finden."
6. Es betrachtet sich nOchmals im Spiegel mit HOlzrahmen und lächelt.
7. „Über mein Aussehen kann man nur das Beste sagen.
8. Von allen meinen Buchstabenfreunden kann man das nicht behaupten.
9. Ich bin stOlz auf mein VOllmOndgesicht und auf meinen Körper mit den schönen Rundungen."
10. Das O trinkt einen Kaffee ohne Obers und verlässt seine Wohnung in der Bücherstraße.
11. „Im Supermarkt wird man mich sicher brauchen können.
12. Ich bin grOß und gesund und ich besitze die Kraft von meinen Buchstabenkollegen S, T, A, R und K."
13. Während das O vor dem BürO wartet, winkt ihm eine hübsche Sekretärin zu und bittet das O, Platz zu nehmen.
14. Endlich taucht der PersOnalchef auf, ein Handy am Ohr. „Haben Sie Arbeit für mich?", fragt das O während einer Sprechpause des beschäftigten Herrn.
15. „Sie kOmmen wie gerufen!", jubelt der Mann mit dem Handy.
16. „In vierzehn Stunden beginnt der Ausverkauf.
17. Da kann ich Sie bestens gebrauchen. Als grOße NULL."

(Ein O sucht Arbeit: frei nach einer Geschichte von Robert Tobler aus: Buchstabengeschichten. Zytglogge, Bern 1992)

103

ÜBUNG

Beantworte anhand der Beispiele aus der vorigen Übung folgende Fragen zur Wortart Präposition:

Ist die Präposition veränderbar?
Ist sie Satzglied oder Teil eines Satzglieds?
Hängt der Fall des Nomens oder Pronomens von der Präposition ab?

104 ÜBUNG

Präpositionen können zu Präpositionalobjekten, zu Umstandsergänzungen oder zu Präpositionalattributen gehören. Mache eine Tabelle nach dem folgenden Muster und ordne die entsprechenden Beispiele aus dem Text „Ein 0 sucht Arbeit" zu.

Für 3 Sätze geben wir dir ein Beispiel. Achtung! Drei Sätze sind vollkommen präpositionslos!

	Präpositionalobjekt	Umstandsergänzung	Präpositionalattribut
Satz 2		*nach vorne*	
Satz 7	*über mein Aussehen*		
Satz 9			*mit den schönen Rundungen*

105 ÜBUNG

Unterstreiche im Text „Ein 0 sucht Arbeit" jene Wörter, die zwar wie Präpositionen aussehen, aber ganz andere Aufgaben erfüllen:

- ein Verbzusatz: Der Ton schwillt an;
- die Einleitung eines satzwertigen Infinitivs: Er kam, um zu fragen;
- Infinitiv mit „zu": Er hofft zu verstehen;
- eine Konjunktion: Während sie Kaffee trank, …

106 ÜBUNG

Im Anfangsteil eines Textes von Ephraim Kishon sind folgende Präpositionen ausgelassen: *an* (2-mal), *aus, durch, entlang, für, in* (7-mal), *mit* (2-mal), *nach* (5-mal), *per, von, zum*. Wo würdest du sie einsetzen?

Schnecken

Neulich fuhr ich .... dem Wagen .... der Stadt, blickte zufällig .... das Seitenfenster und entdeckte eine kleine Schnecke, die .... der Landstraße ostwärts eilte. Da ich immer schon eine gewissen Sympathie .... Schnecken hatte, besonders .... Knoblauchsoße, wandte ich mich ....

sie: „Wohin willst du, liebe Schnecke?" - „ .... Jerusalem." „Das ist aber sehr weit, kleine Schnecke. Darf ich dir helfen? Ich stecke dich .... einen Umschlag und schicke dich .... Post .... Jerusalem." „Sehr freundlich", antwortete die Schnecke, „aber ich hab's eilig." –
Soweit meine Parabel, die eine nationale Tragödie .... einer Nussschale symbolisiert, oder vielleicht besser gesagt, ... einem Schneckenhaus. Ich .... Beispiel habe .... letzter Zeit vier Briefe .... Tel Aviv .... Jerusalem gesandt, und zwar .... folgenden Ergebnissen: Der erste Brief kam .... drei Tagen .... seinem Bestimmungsort an, der zweite .... einunddreißig Tagen, der dritte ist noch unterwegs und wurde zuletzt .... einem mexikanischen Nightclub gesehen. Was aber mein viertes Schreiben betrifft – und hier wird die Geschichte unglaubwürdig –, so erreichte es Jerusalem .... einem halben Tag ...

(Ephraim Kishon; Schnecken: Abraham kann nichts dafür. Langen Müller, München und Wien 1984)

107 ÜBUNG

Seltene Präpositionen. Vervollständige die „kopflosen" Präpositionen und setze sie der Reihe nach ein (im Heft).

. ank – . egen – . rotz – . ährend – . ngesichts – . ntgegen – . raft – . ufgrund – . ngeachtet – . insichtlich – . nfolge

Betty „MOM" Egg behält ihre gute Laune

.... der Zuneigung ihrer Zwillinge,

.... ihrer positiven Lebenseinstellung,

.... des ständigen Gejammers von Miss Minus,

.... des Besuchs des Ex-Direktors,

.... der Aussicht auf einen freien Samstag,

.... jeder Schwarzmalerei,

.... ihres Galgenhumors,

.... der aufmunternden Worte ihres Gatten,

.... des Mathematik-Ausrutschers ihres Sohnes Enzo,

.... vitaminreicher Kost,

.... ihrer Menschenkenntnis.

ERKLÄRUNG

Pronomen

108

ÜBUNG

Du hast in den ersten 3 Bänden einige Pronomen kennen gelernt. Wie viel hast du dir davon gemerkt? Verbinde die zusammengehörenden Begriffe durch Linien:

Pronomen	persönliches Fürwort
Personalpronomen	bezügliches Fürwort
Possessivpronomen	Fürwort
Relativpronomen	besitzanzeigendes Fürwort

109

ÜBUNG

Bestimme die Pronomen mit dem entsprechenden Fachausdruck:

mein ....

du ....

das ....

ihm ....

unser ....

welcher ....

Neben den bisher besprochenen Pronomen gibt es aber auch noch andere:

REFLEXIVPRONOMEN – RÜCKBEZÜGLICHES FÜRWORT

ich freue **mich** – **du** freust **dich** – **er/sie/es** freut **sich** – **wir** freuen **uns** – **ihr** freut **euch** – **sie** freuen **sich**

> Das **Reflexivpronomen bezieht sich immer auf das Subjekt** (daher heißt es auf Deutsch das „rückbezügliche Fürwort"). Es hat nur in der 3. Person im Dativ und im Akkusativ eine eigene Form (**sich**), sonst ist es formal identisch mit dem Personalpronomen. Da es sich immer auf das Subjekt bezieht, kann es selbst nicht im Nominativ stehen.

DEMONSTRATIVPRONOMEN – HINWEISENDES FÜRWORT

Dieses Auto gefällt Boris, **jenes** nicht.
Er sagt immer wieder **dasselbe**.
Enzo hat sich **das selbst** beigebracht.
Derjenige, der die Aufgabe am schnellsten löst, bekommt eine Belohnung.

Das Demonstrativpronomen **weist auf eine Person oder Sache hin** (daher heißt es auf Deutsch „hinweisendes Fürwort"). Die wichtigsten Demonstrativpronomen sind:
dieser, diese, dieses; jener, jene, jenes; derselbe, dieselbe, dasselbe; selbst; derjenige, diejenige, dasjenige; (betontes) der, die, das.
Wenn „dieser" und „jener" im selben Satz vorkommen, weist **„dieser"** auf jemanden bzw. etwas hin, das **näher** ist bzw. im Text zuletzt genannt wurde, **„jener"** auf etwas **weiter Entferntes.**

INTERROGATIVPRONOMEN – FRAGEFÜRWORT

Wer hat das getan? **Was** ist in dich gefahren? **Was für ein** Auto möchten Sie kaufen, Herr Egg? **Welches** Auto gefällt dir am besten, Enzo?

Interrogativpronomina sind Fragefürwörter (**wer/was, was für ein, welcher**).
Deklination von „wer": **wer – wessen – wem – wen**
Unterschied zwischen „welcher" und „was für ein":
„Welcher" fragt nach einem **konkreten Einzelexemplar**, **„was für ein"** nach der Art:
Was für ein Auto möchten Sie kaufen? Einen Kombi, einen Minivan, einen Sportwagen ...?
Welches Auto möchten Sie kaufen? Das linke oder das rechte?

INDEFINITPRONOMEN – UNBESTIMMTES FÜRWORT

Ist da **jemand**? – Nein, hier ist **niemand**.
Ist noch **etwas** übrig geblieben? – Nein, es ist **nichts** übrig geblieben.
Alle aus Enzos Klasse haben am 10-km-Lauf teilgenommen, aber **einige** haben das Ziel nicht erreicht.

Indefinitpronomen sind unbestimmte Fürwörter (**jemand, etwas, niemand, nichts, alle, sämtliche, jeder, einige, etliche, manche, mehrere, kein, man** ...). Sie werden dann gebraucht, wenn man Personen oder Dinge nicht näher bestimmen kann oder will.

TEXTE SCHREIBEN

In den vergangenen Schuljahren hast du gelernt, Texte verschiedenster Art zu verfassen (Erzählen, Beschreiben, Texte zusammenfassen ...). Am Ende der 8. Schulstufe sollen die erworbenen Fähigkeiten mit Hilfe so genannter Standards überprüft werden. Dabei sollst du selbst dein eigenes Können in verschiedenen Bereichen (Lesen, Texte schreiben ...) beurteilen. Auch deine Lehrkräfte schätzen in diesen Bereichen dein Können mit denselben Fragen ein.
Die Aufgaben dieses Buches helfen dir, dich selbst realistisch einzuschätzen.

BILDUNGSSTANDARDS SCHREIBEN	nicht ausreichend	einigermaßen	(sehr) gut	ÜBUNGEN und ERKLÄRUNGEN in DURCHSTARTEN
Ich kann Texte über Erfahrungen und Ereignisse schreiben, zB über eine Reise.				Band 5: S. 115–122 Band 6: S. 118–136
Ich schreibe gut verständliche und ansprechende Geschichten.				Band 5: S. 115–164 Band 6: S. 118–136 Band 7: S. 116–130
Ich kann Informationen verständlich für andere aufschreiben und zu einem Sachthema ein Plakat oder eine Folie übersichtlich gestalten und präsentieren.				Band 6: S. 137–143 Band 7: S. 133–164
Ich kann auf ein Stellenangebot mit fehlerfreien Bewerbungsunterlagen reagieren.				Band 8: S. 116–119
Ich kann in einem Leserbrief oder E-Mail für oder gegen einen Standpunkt Stellung beziehen.				Band 8: S. 150–152
Ich kann aus einem Text das Wesentliche kurz zusammenfassen.				Band 8: S. 122–127
Ich kann unterschiedliche Stimmungen und Gefühle ausdrücken (zB in einem inneren Monolog, Tagebuch ...).				Band 7: S. 117–130
Ich verwende passende Ausdrücke und vermeide Wortwiederholungen (zB bei Satzanfängen).				Band 5: S. 123–131 Band 6: S. 149–163

PAUSEN-ÜBUNGEN

Konzentriertes Arbeiten ist nur dann möglich, wenn du Erholungspausen einplanst. Nach 30 bis 45 Minuten lässt deine Konzentration nach. Lege daher eine etwa 10 Minuten lange Pause ein, in der du eine der folgenden Pausen-Übungen machen kannst. Nach der Pause beginne mit einer nicht besonders anstrengenden Hausaufgabe. Dann erst lernst du weiter. Auch dein Gehirn liebt die Abwechslung.

BEWEGUNGSÜBUNGEN

Überkreuzbewegung

Diese Übung ist gut zur Koordination der linken und rechten Gehirnhälfte. Bringe den rechten Ellbogen zum linken Knie und danach den linken Ellbogen zum rechten Knie. Achte dabei auf die Bewegung der Schultern.
Variante: Überkreuz-Marschieren auf der Stelle, wobei immer gleichzeitig der rechte Arm und das linke Bein bzw. der linke Arm und das rechte Bein aktiviert werden.
Dauer der Übung: ca. 2 Minuten

Liegende Acht

Diese Übung stärkt das beidseitige Sehen und somit die Konzentrationsfähigkeit beim Lesen und Schreiben. Schreibe mit dem Daumen bei ausgestrecktem Arm eine große liegende Acht vor deinen Augen in die Luft. Verfolge dabei genau deinen Daumen nur mit den Augen.
Dauer der Übung: ca. 2 Minuten

ENTSPANNUNGSÜBUNGEN

Atemübung

Konzentriere dich auf deinen Atem. Du atmest durch die Nase langsam und tief ein. Achte darauf, dass du ca. 5 Sekunden einatmest. Am höchsten Punkt hältst du den Atem ca. 2–3 Sekunden an. Dann atmest du durch den Mund langsam wieder aus.
Dauer der Übung: ca. 5 Minuten

Muskelübung

Lege dich auf den Rücken.
Balle zuerst die Faust einer Hand und spanne die gesamte Armmuskulatur an. Halte die Spannung ca. 7–10 Sekunden. Löse die Spannung und genieße das Gefühl, wenn die Anspannung aus deinem Arm weicht. Mache dies nun nacheinander mit dem anderen Arm, mit den Beinen, deiner Beckenmuskulatur, deiner Bauchmuskulatur, den Nacken- und Schultermuskeln und deiner Gesichtsmuskulatur. Halte die Spannung jeweils 7–10 Sekunden und genieße immer das Gefühl der Entspannung.
Dauer der Übung: ca. 10 Minuten

Hirnentleerungsübung

Unternimm bei deiner Lieblingsmusik eine Fantasiereise im Kopf. Sie führt dich gedanklich an einen Ort, wo du gerne wärst. Was siehst du dort? Was hörst du dort? Was fühlst du? Wen triffst du? Was riechst du? ...
Dauer der Übung: ca. 10 Minuten

mailto:exdirex.fies@out.com
Lieber Herr Ex-Direx,
sollte heute für meinen Big Boss einen Geschäftsbrief verfassen. No problem, denke ich bei mir. Doch als ich schon abdrehe, ruft er mir nach: Und dass Sie mir den Betreff nicht vergessen! Und für Unterschrift und Anlagenvermerk kommen Sie anschließend zu mir ins Büro!
Betreff?
Anlagenvermerk?
Meint er damit vielleicht Beilagen (wie Fotos oder Skizzen?)
Ihre Miss Minus
mailto:miss.minus@4.Klasse
Liebe mm,
Beilagen sind Kartoffeln, Reis, Nudeln oder Gemüse … und die haben in einem ordentlichen Geschäftsbrief nichts mehr verloren. Und was in einem Brief ein Betreff ist, sollten Sie als Nachhilfelehrerin auch wissen. So etwas ist für zwei 15-Jährige, die für ihr Berufsleben gerüstet werden sollten, nämlich wichtiger als so manche Rechtschreibregel.
Ihr Ex-Direktor Fies ☹

ERKLÄRUNG

Briefe an Behörden

Vom Landesgericht Wels hat Michael Grünsteidl am 14. Dezember 20.. folgende Mitteilung erhalten:

> Zeugenladung in der Verkehrsstrafsache
> Gerhard Mesner
> Aktenzeichen Vs23/04 jug
>
> In der angegebenen Verkehrsstrafsache werden Sie als Zeuge auf Mittwoch, den 26. Januar 20.., 9.30 Uhr vor das Landesgericht Wels, Maria-Theresia-Str. 12 in den Sitzungssaal 11/02 zur Hauptverhandlung geladen. Um pünktliches Erscheinen wird gebeten.
> Zugleich werden Sie darauf hingewiesen, dass nach § 51, Abs. 1 der Strafprozessordnung ein vorgeladener Zeuge, der ohne genügende Entschuldigung nicht erscheint, zu einer Ordnungsstrafe zu verurteilen ist.
>
> Die Geschäftsstelle
> i.A. Zerbs, Justizangestellte

Michael hat folgendes Antwortschreiben verfasst:

> Sehr geehrtes Landesgericht!
>
> Für Ihre freundliche Einladung zu einer Zeugenaussage am 26. Jänner möchte ich mich sehr herzlich bedanken. Ich muss aber höflich um Entschuldigung bitten, dass ich an diesem Tag zu meinem großen Bedauern nicht bei der Verhandlung anwesend sein kann. Meine Angehörigen und ich fahren ausgerechnet an diesem Tag in den Urlaub. Wir haben schon seit zwei Monaten beim Reisebüro in der Bäckergasse gebucht, eine Umbuchung kann leider nicht vorgenommen werden. Dabei würde ich gerne kommen, weil ich schon immer einmal sehen möchte, wie es im Gerichtssaal zugeht, und weil ich ja meinem Freund helfen will.
>
> Mit lieben Grüßen Ihr *Michael Grünsteidl*

Frau Grünsteidl, die als Angestellte im Magistrat der Stadt arbeitet, erklärt ihrem Sohn, wie Briefe an Firmen, Behörden und öffentliche Einrichtungen verfasst werden. Sie zeigt ihm auch, dass solche Briefe knapp und sachlich formuliert werden.

Was du dir für den Schriftverkehr merken sollst:

- Briefe, die man an Behörden, Firmen und Institutionen (das sind öffentliche Einrichtungen, wie zB das Rote Kreuz, Fremdenverkehrsverbände usw.) richtet, nennen wir Geschäftsbriefe.
- In solchen Briefen will jemand sein Anliegen, beispielsweise eine Anfrage, eine Beschwerde, einen Antrag usw. vorbringen. Geschäftsbriefe werden meist am Computer geschrieben.
- Schreib klar, knapp, sachlich und höflich. Begründe deine Anliegen überzeugend.
- Verwende unliniertes Papier vom Format DIN A4 und achte auf Vollständigkeit der Angaben (Briefkopf, Datum usw.)
- Überprüfe deine Briefe unbedingt auf fehlerfreie Rechtschreibung und sende nur einwandfreie Briefe ab. Vergiss nicht: Alle Fürwörter der höflichen Anrede werden großgeschrieben.

Michael hat eine verbesserte Fassung seines Antwortbriefes an das Landesgericht Wels gesendet.

Name des Absenders, Datum	Michael Grünsteidl 16. 12. 20..
Straße oder Postfach	Vogelweiderstr. 21
Postleitzahl, Wohnort	4600 Wels
(Telefon)	Tel. 58186
Name des Empfängers	Landesgericht Wels
Straße oder Postfach	Maria-Theresia-Str. 12
Postleitzahl, Ort	4600 Wels
Betreff	Zeugenladung, Aktenzeichen Vs23/04 jug
Anrede	Sehr geehrte Frau Zerbs!
Text	Ihrer Vorladung als Zeuge in der Verkehrsstrafsache Gerhard Mesner, Aktenzeichen Vs 23/04 jug, kann ich nicht Folge leisten. Ich habe am 27. Oktober 20.. eine Reise für die Zeit vom 26.1.–2.2.20.. gebucht. Eine Stornierung oder Umbuchung ist laut Auskunft des Reisebüros nicht mehr möglich. Ich ersuche diese Gründe für mein Fernbleiben von der Verhandlung zur Kenntnis zu nehmen. Eine Buchungsbestätigung des Reisebüros liegt bei.
Grußformel	Mit freundlichem Gruß
Unterschrift	Michael Grünsteidl
	Michael Grünsteidl
Anlagenvermerk	Bestätigung des Reisebüros

Korrekte Geschäftsbriefe müssen eine Reihe von formalen Einzelheiten beinhalten. Das sind:

1. **Die Absenderangabe enthält**
   - Vornamen und Familiennamen
   - Straße und Hausnummer oder Postfach
   - Postleitzahl und Wohnort
   - (Telefonnummer oder E-Mail-Adresse)

   Die Absenderangabe führt alle wichtigen Angaben an, die der Empfänger braucht, wenn er antworten soll. Sie steht in der linken oberen Ecke des Briefblattes, siehe Muster Seite 107);

2. **Das Datum**
   darf in keinem Brief fehlen, weil es die zeitlichen Zusammenhänge klarstellt. Es wird üblicherweise so geschrieben, wie es gesprochen wird: 15. März 20... Das Datum schreibst du auf dem rechten Rand in der Zeile, in der die Absenderangabe beginnt.

3. **Die Anschrift**
   Hier sieht der Empfänger seine eigene Anschrift. Wenn da Fehler passieren, ist sein Interesse am Weiterlesen bereits gestört.
   Titel, Dienst- und Berufsbezeichnungen werden nach „Herrn" oder „Frau" gesetzt. Akademische Grade gehören vor den Namen.

Beispiele: Herrn Minister
Dr. Harald Spann

Frau Ingenieurin
Beatrix Wolf

Wenn keine Dienst- oder Berufsbezeichnung angegeben wird, kann die Personenbezeichnung „Herrn" oder „Frau" in derselben Zeile wie der Name stehen.

Beispiele: Frau Astrid Kröpfl, Herr Max Möst

4. Der Betreff

ist eine stichwortartige Inhaltsangabe, informiert mit möglichst wenigen Worten darüber, was im Brief behandelt wird. Die Betreffzeile hat keinen Schlusspunkt.

Beispiel: Ihr Angebot vom 6. Juli 20..

5. Die Anrede

Den Empfänger des Briefes sollst du nach Möglichkeit mit Namen ansprechen, das wirkt persönlicher. Wenn der Name nicht bekannt ist, ist die Anrede „Sehr geehrte Damen und Herren" üblich.

6. Der Briefanfang

Vermeide abgedroschene Redewendungen und gehe gleich auf den Kern des Schreibens ein.

Beispiel: Wir haben heute mit der Vorbereitung der Ausstellung begonnen.
(Statt: Wir teilen Ihnen mit, dass ...)

7. Der Briefschluss

Beispiele: Ich bitte um Ihr Verständnis.
Wir hoffen, dass Ihnen unsere Informationen weiterhelfen.
Im Voraus vielen Dank.

8. Der Gruß

Beispiele: Mit freundlichen Grüßen
Freundliche Grüße

9. Die Unterschrift

muss selbstverständlich mit der Hand geschrieben sein. Da nicht jede Handschrift leserlich ist, wird der Name des Unterschreibenden maschinschriftlich wiederholt.

10. Der Anlagenvermerk

In Geschäftsbriefen wird besonders vermerkt, wenn eine Anlage (Kopien, Rechnungen, Dokumente usf.) mitgeschickt wird.

Beispiel: Kopie der Geburtsurkunde

...PAUSE!

ERKLÄRUNG

Anträge

Anträge werden knapp – meist in einem Satz – formuliert. Gegenstand oder Anlass solcher Briefe sind Unzulänglichkeiten in öffentlichen Einrichtungen. Danach folgt eine Begründung, in der man häufig auf Rechte und Pflichten verweist. Dazu ein Beispiel:

Situation:
Frau Angela Kinast (78) wohnt in einem alten Haus in Wels, Linzerstraße 14. In diesem Haus gibt es noch sieben weitere Wohnungen. Da Frau Kinast an Herzbeschwerden und Kreislaufstörungen leidet, ist die Mittagsruhe für sie äußerst wichtig. Seit bereits 14 Tagen kann sie aber mittags nicht mehr schlafen. In einigen Wohnungen wird während dieser Zeit Klavier, Trompete und Klarinette geübt, obwohl die Hausordnung festlegt, dass in der Zeit von 13–15 Uhr Mittagsruhe einzuhalten ist. Das Haus ist alt und schlecht isoliert.

Aufgabe:
Schreibe für Frau Kinast an die angeführte Adresse einen entsprechenden Antrag, dass die Hausverwaltung umgehend für Ruhe in der Mittagszeit sorgen soll. Frau Kinast müsste dann nur mehr unterschreiben.
Die Adresse:
Gemeinnützige Wohnbau GmbH
Waltherstr. 23
4020 Linz

Dieser Antrag könnte folgendermaßen geschrieben werden:

Angela Kinast
Linzerstraße 14
4600 Wels

Datum

Gemeinnützige Wohnbau GmbH
Waltherstr. 23
4020 Linz

Störung der Mittagsruhe im Haus Linzerstraße 14

Sehr geehrte Damen und Herren!

Ich wohne im Haus Linzerstraße 14, 4600 Wels, und fühle mich seit 14 Tagen in der Mittagsruhe gestört, weil in einigen Wohnungen des Hauses zur Mittagszeit Klavier, Trompete und Klarinette geübt wird.
Daher beantrage ich, dass die Verwaltung des Hauses für die Einhaltung der Mittagsruhe sorgt.

Ich begründe diesen Antrag folgendermaßen:

1. Seit zwei Jahren leide ich an Herzbeschwerden und Kreislaufstörungen. Die Mittagsruhe ist laut Empfehlung meines Hausarztes für mich sehr wichtig.
2. Die Hausordnung legt fest, dass in der Zeit zwischen 13 und 15 Uhr Mittagsruhe einzuhalten ist.
3. In den benachbarten Wohnungen leben Familien mit Kleinkindern, die ebenso die Mittagsruhe brauchen.

Ich hoffe auf positive Erledigung meines Antrags.

Angela Kinast

110 ÜBUNG

Situation:

Aus den Garderoben der Hauptschule in M. wurden in den letzten Monaten Turnschuhe, Winterjacken und erhebliche Geldbeträge gestohlen. Das Absperren der Garderobenräume hat sich nicht als günstig erwiesen, weil Schüler, die später in den Unterricht kommen, vor verschlossenen Räumen stehen. In einer Versammlung der Klassensprecher wurde beschlossen, beim Schulgemeinschaftsausschuss den Ankauf von versperrbaren Spinden in den Garderoben zu beantragen. Zu den einzelnen Spinden hätten dann nur der betreffende Schüler und der Schulwart mit einem Generalschlüssel Zugang.

Aufgabe:

Als Schulsprecherin/Schulsprecher richtest du an den Schulgemeinschaftsausschuss diesen Antrag.

111 ÜBUNG

Situation:

In der Versammlung vom 9. Februar 20.. haben die Klassensprecher des BG II in F. beschlossen, ein zweites Kopiergerät für Schülerinnen und Schüler zu beantragen. Da mehr als 600 Schülerinnen und Schüler beinahe den ganzen Tag in der Schule verbringen, ist das vorhandene Gerät in den Unterrichtspausen und während der Mittagszeit überlastet. Vor allem Schüler der Unterstufe beschweren sich, dass sie kaum Gelegenheit zum Kopieren finden.

Aufgabe:

Als Schulsprecher(in) stellst du den Antrag an den Schulgemeinschaftsausschuss der Schule, der Bereitstellung eines zweiten Kopiergerätes für Schülerinnen und Schüler zuzustimmen.
Die weiteren Details wie zB Adressen wirst du situationsgemäß ergänzen.

ERKLÄRUNG

Anfragen

Mit Anfragen will man Informationen oder Angebote einholen. Anfragen müssen so formuliert werden, dass die erwartete Auskunft erteilt werden kann.

Beispiel: Dein Fahrrad, das du nur flüchtig an die Stange eines Verkehrszeichens gelehnt hast, hat ein Windstoß umgeworfen. Das umstürzende Fahrrad hat ein parkendes Auto am Kotflügel zerkratzt.

Du meldest den Sachverhalt deiner Haftpflichtversicherung und gibst die Einzelheiten bekannt, die die Versicherung braucht, um den Schadensfall behandeln zu können.

So könnte die Schadensmeldung aussehen:

Vorname Zuname   Datum
Straße
PLZ Ort   Polizze Nummer: 00098971

Anker Versicherungs AG
Landstr. 86
4010 Linz

Beschädigung eines PKW durch umgestürztes Fahrrad

Sehr geehrte Damen und Herren!

Am 20. 2. 20.. lehnte ich auf dem Parkplatz vor dem ADEG-Supermarkt in Kallham mein Fahrrad an einen Mast. Vermutlich hat ein Windstoß das Fahrrad umgestoßen, so dass es den linken vorderen Kotflügel eines geparkten PKW zerkratzt hat. Der Lenkerin des PKW, Frau Lisa Spissak, habe ich sofort den Schaden gemeldet. Bei dem Auto handelt es sich um einen Opel Zafira mit dem amtlichen Kennzeichen WE – 649 C.

Ich ersuche meine Benachrichtigung zur Kenntnis zu nehmen und der Autolenkerin den entstandenen Schaden zu ersetzen.

Mit freundlichem Gruß

Unterschrift

112 ÜBUNG

Frau Anna Garbo ist 72 Jahre alt und gehbehindert. Sie möchte ein Ansuchen um Aufnahme in das Seniorenheim „Sonnenhof" stellen. Eine ärztliche Bestätigung ihrer Behinderung liegt vor. In dem Ansuchen soll auch erklärt werden, dass die Familie ihrer Tochter, bei der sie bisher gewohnt hat, mit 1. April nach Bad Gastein übersiedelt. Frau Garbo möchte aber in ihrem Heimatort bleiben.

Frau Garbo bittet dich, in ihrem Namen den Brief zu schreiben.
Die Daten: Anna Garbo, Schumpeterstr. 37, 4910 Ried im Innkreis
Die Adresse: Seniorenheim „Sonnenhof", Braunauerstr. 44, 4910 Ried

113 ÜBUNG

Jeden Morgen um die Zeit, wenn du zu Fuß den Schulweg antrittst, startet Herr Erich Wegner sein Auto, und während der Motor läuft, kehrt er bedächtig den Schnee von seinem Wagen oder kratzt das Eis von den Scheiben. Da mündliche Hinweise auf die Umweltbelastung durch Lärm und Abgase bisher nichts genützt haben, schreibst du nun einen Brief an Herrn Wegner mit der dringlichen Bitte um Rücksichtnahme, wobei du besonders auf die enorme Umweltbelastung hinweist.

Die Adresse:
Erich Wegner
Porschestr. 51
4053 Haid

114 ÜBUNG

Als Klassensprecher(in) der 4C beteiligst du dich an der Vorbereitung zu einer Abschlussfeier der Klasse. Euer Ziel ist Salzburg, wo ihr das „Haus der Natur" besucht. Anschließend besichtigt ihr noch das Salzbergwerk in Hallein.

In einem Brief an das „Haus der Natur" ersuchst du um Auskunft, ob ihr am 24. Juni 20.. zwischen 10 und 11 Uhr eine Führung bekommt, um nachher noch ausreichend Zeit für eine weitere Besichtigung zu haben. Erkundige dich dabei auch um den Preis pro Schüler für die Führung und für den Eintritt. Die Klasse besteht aus 22 Schülern und zwei Begleitpersonen.
Richte dein Schreiben an: „Haus der Natur", Museumsplatz 5, 5020 Salzburg.

ERKLÄRUNG

Reklamationen

Mit der Reklamation informiert man einen Adressaten über eine Angelegenheit oder über eine Ware, die nicht in Ordnung ist, und will damit auffordern, dass das Beanstandete in Ordnung gebracht wird. Wenn man sich über etwas beschweren muss, ist es besonders wichtig, den richtigen Ton zu finden. Fasse daher deine Beschwerden so ab, dass sich der Empfänger nicht persönlich angegriffen oder gar beleidigt fühlt. Denke daran, dass unüberlegte schriftliche Äußerungen sehr unangenehme Folgen haben können.

Situation:
Das „Express-Versandhaus“ hat dir entsprechend deiner Bestellung vom 7. März 20.. einen Drucker HP Laserjet 1300S gesendet. Diese Sendung ist am 10. 3. per Nachnahme eingelangt. Die Lieferung hat durch den Transport erhebliche Schäden erlitten, weshalb du das Gerät am 11. 3. an das Versandhaus zurückgeschickt hast. Da nach Auskunft des Versandhauses (14. 3.) kein weiteres Gerät dieser Art lieferbar war, hast du die Rückerstattung des Geldes für das Gerät verlangt. Zwei Wochen nach Rücksendung des Geräts ist das Geld noch immer nicht eingetroffen.
Aufgabe:
Schreibe einen Brief an die unten angegebene Adresse, in dem du das Versandhaus aufforderst, das Geld innerhalb von 10 Tagen zu überweisen. Andernfalls wärst du gezwungen, rechtliche Schritte einzuleiten.

Die Adresse: Express-Versandhaus
Südtirolerstr. 17
9900 Lienz

Lukas hat folgenden Brief geschrieben:

Lukas Gerner 22. März 20..
Rossmarkt 57
4910 Ried im Innkreis

Express-Versandhaus
Südtirolerstr. 17
9900 Lienz

Ausständige Geldrückgabe

Sehr geehrte Damen und Herren,

Ihr Versandhaus sandte mir am 10. 3. 20.. einen Drucker HP Laserjet 1300S per Nachnahme. Wegen erheblicher Transportschäden musste

ich das Gerät zurückschicken, das war am 11. 3. 20.. Da gemäß Ihrer Auskunft kein weiteres Gerät dieser Art lieferbar war, verlangte ich die Rückerstattung des Geldes für das Gerät. Zu meiner Verwunderung ist dieses Geld bis jetzt nicht eingelangt. Vielleicht lag irgendein Missverständnis in Ihrem Bereich vor.
Ich fordere Sie nun auf, das Geld innerhalb der nächsten 10 Tage zu überweisen. Andernfalls wäre ich gezwungen, rechtliche Schritte einzuleiten.

Mit freundlichem Gruß

Lukas Gerner

Kopie der Nachnahmebestätigung

115 ÜBUNG

Situation: Familie Kress (2 Erwachsene, 2 Kinder) hat vom 11.–16. Juli 20.. ihren Urlaub an einem Ostseestrand verbracht und war sehr enttäuscht von der Ferienwohnung, in der sie untergebracht war. Vieles war ganz anders, als es im Prospekt des Reiseveranstalters beschrieben stand.
Aufgabe: Versetze dich in die Lage von Herrn oder Frau Kress und schreib einen Beschwerdebrief an den Reiseveranstalter.
Erläutere darin:
- die tatsächliche Ausstattung der Ferienwohnung
- die Lage der Wohnung
- die Lärmbelästigung

Die Mängel waren folgende: Die Einrichtung der Ferienwohnung entsprach nicht der Beschreibung im Prospekt, der Fernseher war defekt, die Betten waren unzumutbar; das Hallenbad war wegen Renovierung geschlossen; der Strand war so verschmutzt, dass die Kinder dort nicht spielen konnten.
Schlage dem Reiseveranstalter eine Entschädigung in der Höhe von 200 € vor, das ist ein Drittel des Mietpreises für die Wohnung.
Die Adresse: Reisebüro Nordmann, Wertheimerstr. 125, PLZ ORT

ERKLÄRUNG

Bewerbungsschreiben verfassen

Mit einem Bewerbungsschreiben will man eine bestimmte Arbeitsstelle bekommen und über sich selbst informieren. Ein kluger Bewerber wird sich in einem günstigen Licht zeigen, aber sachlich und glaubhaft wirken.

Im Bewerbungsschreiben sollst du folgende Einzelheiten berücksichtigen: Wenn du das Stellenangebot genau prüfst, findest du schnell heraus, welche Unterlagen erwartet werden. Das sind gewöhnlich:

1. Bewerbungsschreiben
2. Lebenslauf
3. Zeugniskopien
4. Foto

Folgende **Hinweise** solltest du beachten, wenn du ein Bewerbungsschreiben verfasst:

1. Schreib deutlich, was du möchtest. Nimm Bezug auf das Stellenangebot und schreib, dass du dich um die Stelle bewirbst.
2. Um die gewünschte Stelle bewerben sich vermutlich mehrere Bewerber. Meist bekommt derjenige die Stelle, der überzeugend wirkt und die besseren Voraussetzungen für die Stelle mitbringt.
   Verweise auf deine Kenntnisse und Erfahrungen und streiche die Vorzüge heraus, die dich vielleicht von anderen Bewerbern unterscheiden.
3. Wenn du dich gewandt und höflich ausdrücken kannst, ohne unterwürfig zu wirken oder zu dick aufzutragen, hast du bessere Aussichten auf Erfolg. Du weißt ja: Der Ton macht die Musik.
4. Geh nun auf die Fähigkeiten, Kenntnisse und Erfahrungen ein, die für die Stelle gefordert werden. Dazu erläuterst du deine schulische oder berufliche Situation. (In deinem Alter kannst du kaum berufliche Erfahrungen vorweisen. Wenn du aber schon gelegentlich in einem solchen oder ähnlichen Aufgabenbereich gearbeitet hast, zB in den Ferien, dann wirst du das auf jeden Fall anführen.)
5. Nenne den Termin, wann du mit der Arbeit beginnen kannst und – nötigenfalls – wie lange du arbeiten kannst oder willst.
6. Ersuche um Berücksichtigung deiner Bewerbung und eventuell darum, dich persönlich vorstellen zu dürfen.

In den „Salzburger Nachrichten“ vom 19. März 20.. waren folgende Stellenangebote inseriert (gestellte Angaben):

TEILZEIT **Bürokraft** TOP-Bezahlung Solide Englischkenntnisse erforderlich **www.successful-job.com**	**ZUVERLÄSSIGE** Bürokraft für First-class-Reisebüro gesucht. Auch Saisonbeschäftigung möglich. Ihre Leistungen: versierte Arbeit am PC, solide Englischkenntnisse und gewandte Umgangsformen. Unsere Leistungen: Unterkunft (Einzelzimmer) und überdurchschnittliche Entlohnung. Wenden Sie sich an Reisebüro Romberg, Seefeld Telefon 06...., Frau Andresen
Teilzeitbeschäftigung, für SchülerInnen mit Fahrrad möglich, gute Stadtkenntnisse nötig. Flexible Diensteinteilung und gute Entlohnung. Zuschriften an: ***Intrans-Werbeagentur*** ***4910 Ried/Innkreis, Altmannstr. 12***	

Deine Bewerbung beispielsweise als Bürokraft für das Reisebüro in Seefeld könnte so lauten:

Beispiel: (Betreffzeile)
Ihr Stellenangebot in den „Salzburger Nachrichten“ vom 19. 3. 20..

Sehr geehrte Frau Andresen,

ich bewerbe mich um die ausgeschriebene Stelle als Bürokraft im Reisebüro ...

Oder

Beispiel: Sie suchen für das Reisebüro eine Bürokraft mit gewandten Umgangsformen, soliden Englischkenntnissen und routinierter Bedienung des PC.
Ich bin mir sicher, dass ich Ihren Wünschen entspreche, und bewerbe mich deshalb um diese Stelle.

Vorname Zuname Datum
Straße Hausnummer
PLZ Ort

Reisebüro Romberg
Münchnerstr. 44
6100 Seefeld

Ihr Stellenangebot in den „Salzburger Nachrichten" vom 19. 3. 20..

Sehr geehrte Frau Andresen,

ich bewerbe mich um die ausgeschriebene Stelle als Bürokraft in Ihrem Reisebüro.
Derzeit bin ich Schülerin der 4. Klasse des Gymnasiums in N. (Ort, Adresse). Ich habe das Fach Englisch im Semesterzeugnis mit „Sehr gut" abgeschlossen und werde meine Kenntnisse in einem Sprachkurs in Cambridge aufpolieren. In den Ferien habe ich im Restaurant meines Onkels gearbeitet und verfüge deshalb über gewandte Umgangsformen mit Touristen. In der Arbeit am PC habe ich bereits Routine.
Nähere Einzelheiten über mich entnehmen Sie dem Lebenslauf und der Kopie des Semesterzeugnisses.
Ich könnte vom 11. Juli bis Ende August bei Ihnen arbeiten.

Bitte berücksichtigen Sie meine Bewerbung.
Über eine Einladung zu einem Vorstellungsgespräch würde ich mich freuen.

Mit freundlichen Grüßen

Handschriftliche Unterschrift (Vorname, Zuname)

Anlage
Lebenslauf
Kopie des Semesterzeugnisses
Foto

116 ÜBUNG

Bewirb dich um eine weitere Stelle, die am 19. März 20.. in den „Salzburger Nachrichten" (siehe Seite 117) inseriert war.

ERKLÄRUNG

Einen Lebenslauf verfassen

Er dient der näheren Information über den Bewerber. Gegenüber dem Lebenslauf in Aufsatzform setzt sich der tabellarische immer mehr durch. Üblicherweise wird er auf einen unlinierten Briefbogen DIN A4 geschrieben.

Vorname Familienname
Straße Hausnummer
PLZ Ort

Lebenslauf

Angaben zur Person

Name:	____________
Vorname:	____________
Geburtsdatum:	____________
Geburtsort:	____________
Staatsbürgerschaft:	____________
Name und Beruf der Eltern:	____________

Schulbildung

Dauer des Schulbesuchs:	____________
Art und Name der besuchten Schule:	____________
Lieblingsfächer:	____________

Berufsausbildung (wenn vorhanden)

Berufsabsichten:	____________
Art der Ausbildung:	____________

Sonstige Angaben

Hobbys:	____________
besondere Fortbildung:	____________
Fremdsprachen:	____________
sportliche Aktivitäten:	____________

Ort Datum Unterschrift

117 ÜBUNG

Verfasse deinen persönlichen Lebenslauf, den du deinem Bewerbungsschreiben um die Stelle als Bürokraft im Reisebüro beilegst.

AUDITIVE FÄHIGKEITEN NÜTZEN UND VERBESSERN

Selektives Hören

Versuche bewusst einzelne Geräusche wahrzunehmen, zB bei einem Popsong einzelne Musikinstrumente herauszuhören.

Lernen mit „Eigenproduktionen"

Auf Kassettenrecorder/CD-Player/MP3-Player aufgesprochene Texte, Fakten oder auch einzelne Wörter zur zB s-Schreibung kannst du über das wiederholte Abhören lernen.
Du kannst deine Aussprache verbessern und Sprachhemmungen abbauen, indem du mit einem Freund/einer Freundin Texte liest oder auch frei sprichst und dies aufnimmst.

Lernen mit „Fremdproduktionen"

Kaufe dir eine CD, auf die *Schauspieler* Texte gesprochen haben. Das Hören solcher Aufnahmen fördert dein Sprachgefühl und deine Aussprache.

Mitsprechen

Wenn du Deutschhausübungen machst, sprich laut mit.

Gegenseitiges Vorlesen und Erzählen

Zu zweit gibt es verschiedene Möglichkeiten, wie du deine auditiven Fähigkeiten trainieren kannst. ZB liest dir dein Freund/deine Freundin einen Nachrichtentext vor, den du anschließend mit deinen eigenen Worten wiederzugeben versuchst. Du kannst auch mit deinem Freund/deiner Freundin den Lernstoff durch gegenseitiges Befragen wiederholen.

Gehörtes durch Bilder unterstützen

Versuche dir Gehörtes vor deinem inneren Auge mit Bildern vorzustellen.
Variante: Notiere dir wichtige Inhalte in Form von kleinen Skizzen und Bildern.

Mit Musik lernen

Musik kann deine Kreativität beim Lernen fördern. Allerdings sollte es Musik sein, die eine beruhigende Wirkung auf dich hat und dich nicht ablenkt.

DURCHSTARTEN DEUTSCH!
mailto:exdirex.fies@out.com
Lieber Herr Ex-Direx,
heulen könnte ich. Stellen Sie sich vor, die Eltern ... also genau genommen die Mutter, dieses undankbare Weibsbild ... dabei war ich so zufrieden mit mir, nachdem Enzo und Emmy auf die letzte Deutschschularbeit beide ein Gut ... sagt sie, es sei mein einziger Vorzug gewesen, ihren Kids die Unverzichtbarkeit einer Lernhilfe wie „Durchstarten" vor Augen geführt zu haben ... kein Dankeschön, nichts ... und ich? War ich denn nicht unverzichtbar?, frage ich sie. Und Sie frage ich das jetzt auch, Prof. Fies. Bin ich denn etwa nicht unverzichtbar gewesen?
Trösten Sie mich!
Ihre Miss Minus
mailto:miss.minus@4.Klasse
Liebe mm,
für mich sind Sie selbstverständlich unverzichtbar, aber zu der Qualität Ihres Nachhilfeunterrichts sollten Sie mich besser nicht befragen. Ich habe mich ja auch im Selbststudium gebildet, um Ihnen... äh... um mit Ihnen, also um in Sachen Deutsch am Laufenden zu sein.
Ihr Ex-Direktor Fies ☹
DURCHSTARTEN

ERKLÄRUNG

Kurzfassung

Was sollst du über eine **Kurzfassung** wissen?

1. Eine Kurzfassung informiert über den **Inhalt eines Sachtextes.**
2. In der **Einleitung** werden der **Verfasser**, der **Titel** und die **Textsorte der Vorlage** genannt. Außerdem wird das **Thema des Textes** in einem Satz formuliert.
3. Der **Hauptteil** bringt den **Inhalt sachlich**, also ohne persönliche Stellungnahme oder Wertung, in der Reihenfolge der Textvorlage. Üblicherweise wird auf etwa **ein Drittel der Vorlage** verkürzt.
4. Kurzfassungen werden im **Präsens** verfasst.

Mike hatte bei Dieter das neue Handy SE 800 mit VGA-Kamera gesehen. Das müsste ich auch haben, dachte er sich. Aber bei Mutti ist er mit seiner Forderung nach einer Taschengelderhöhung – bloß ausnahmsweise, versteht sich – gehörig abgeblitzt. „Für die nächsten fünf Monate ist das Taschengeld gestrichen, du schuldest uns bereits satte 2.400 € Telefonkosten", gab Mutti trocken bekannt. Mike gehört offensichtlich zu jenen Jugendlichen, von denen im folgenden Sachtext die Rede ist.

Petra Iglseder-Hesz: **14 und schon pleite?**

Österreichs Kinder sind Millionäre: Monat für Monat bekommen sie rund 34 Millionen Euro Taschengeld! Doch die scheinbar so reichen Kinder sind in Wirklichkeit arm, denn vielfach besänftigen Eltern mit einem fetten Taschengeld ihr schlechtes Gewissen, weil sie sich zu wenig um ihre Sprösslinge kümmern. Und noch einen Nachteil hat der Verwöhnkult: Die Kleinen lernen nie, mit Geld richtig umzugehen. Die Folge: Schon Vierzehnjährige haben Schulden bei der Bank.

Für üppige Wünsche, wie sie heutzutage die meisten Halbwüchsigen haben, reicht selbst ein großzügiges Taschengeld nicht aus. Wer Geld für coole Kleidung, CDs, Kino, Konzerte und natürlich für das eigene Handy haben will, muss zusehen, dass er zusätzlich zum Taschengeld seine paar Euro verdient. Tatsächlich haben noch nie so viele 14- bis 19-Jährige neben Schule und Ausbildung gejobbt: Das Leben ist teuer – selbst wenn man noch zu Hause bei den Eltern wohnt, was neun von zehn Jugendlichen tun.

Laut „4. Bericht zur Lage der Jugend in Österreich" des Sozialministeriums verdienen 33 Prozent der Mädchen zwischen 14 und 19 Jahren eigenes Geld, 58 Prozent bekommen Taschengeld, zwei Drittel davon einen fixen Betrag. Bei den Buben hat die Hälfte dieser Altersgruppe 75 Euro zur Verfügung. In Sachen Taschengeld handeln knapp ein Fünftel der Burschen mit den Eltern variable Beträge aus.

Alles in allem reicht das aus, um die jungen Leute von heute zu einer beliebten, für die Wirtschaft attraktiven Zielgruppe zu machen – aber das

ist mehr als problematisch, denn vor den Verlockungen durch eine teilweise aggressive, speziell auf Jugendliche abgestimmte Werbung schützt die Kinder niemand. Die Kleinen reagieren auf Werbefilme emotional, steigern sich in Wunschträume hinein, die sie auch offen aussprechen.
Leidgeprüfte Eltern kennen die Folge: Die Kinder verlangen stets nach etwas, und zwar nicht nach irgendetwas, sondern etwa bei der Bekleidung nach sündteuren Markenprodukten. Der Drang zu diesem so genannten „demonstrativen" Konsum ist bei den 14-Jährigen sehr hoch. Gute Turnschuhe ohne Namen – das ist schlimmer als keine Turnschuhe an den Füßen. Gruppenzwang, aggressive Werbung, Hackordnungen, ein falscher Umgang mit Geld in der Familie, Konsum um jeden Preis – eine Spirale, die bei vielen in Kummer und Problemen endet.
Was fehlt, wenn es an nichts fehlen darf? „Manche Kinder bekommen alles, aber nicht das, was sie brauchen", betont Prof. Toifl, Kinderpsychiater in Wien, „sie brauchen Sicherheit, Stabilität und Geborgenheit."
In der Familie werden ihnen diese Wünsche vielfach nicht mehr erfüllt, die Sicherheit und die Richtlinien für ihr Leben holen sie sich dann lieber im Freundeskreis, was freilich genau jene Probleme verschärfen kann, mit denen die Eltern ohnehin zu kämpfen haben. Wenn auch bei den Freunden die Angeberei mit den teuren Marken dominiert, beginnt ein gegenseitiges Sich-Überbieten und aus den Mädchen und Buben werden irgendwann stumpfe Konsumidioten.
Wie man diese Entwicklung verhindern kann? Prof. Toifl: „Das, was Kinder brauchen, ist, dass sie geliebt werden, wie sie sind, dass sie in ihrem Denken und Fühlen geachtet werden. Miteinander reden, Anteil nehmen, sich Zeit für den anderen nehmen. Das sind die Strategien, um Kinder vor einem Konsumwahn zu schützen."
Praktiziert werden sie freilich viel zu wenig, deshalb sind viele Kinder taktlos und anmaßend, immer unzufrieden und ständig nörgelnd.
Viele Eltern wollen mit dem Taschengeld erreichen, dass ihr Kind lernt, mit Finanzen umzugehen. Das beginnt schon beim Einkauf. Wie teuer ist ein Paar Schuhe? Wie viel muss man für eine Wohnung bezahlen? Trotz – oder vielleicht gerade wegen – der Großzügigkeit beim Taschengeld ist es mit der Fähigkeit, sein Geld richtig einzuteilen, bei den Jugendlichen nicht weit her. Ganz im Gegenteil: Immer mehr junge Menschen verschulden sich bis über beide Ohren. Die aktuellsten Zahlen: Jeder Fünfte, der zur Schuldnerberatung kam, war jünger als 25 Jahre. Und die Schulden waren keineswegs klein, es handelte sich zum Teil um Rückstände von rund 30.000 Euro. Diese Jugendlichen sind bankrott. Eine Mitschuld an dieser Misere liegt bei den gelockerten Kreditbedingungen. Mit Einverständnis ihres Erziehungsberechtigten können bei manchen Banken bereits 14-Jährige ihr Girokonto überziehen. Die Jungen lernen sehr früh, mehr auszugeben, als sie einnehmen, weil die Banken ihnen das Geld geben und an den Zinsen verdienen wollen.
Die größte Schuldenfalle bei den Jungen sind die Handys. Die Summe der unbezahlten Handyrechnungen hat mittlerweile die früher dominierenden Versandhausschulden überrundet.

(Petra Iglseder-Hesz; 14 und schon pleite?: Medizin populär 6/2004. Verlagshaus der Ärzte, Wien)

Sandra will eine Kurzfassung dieses Artikels in der Schülerzeitung „maulwurf" bringen. Damit will sie auf die Gefahren des allzu leichtfertigen Handygebrauchs hinweisen.
Sie geht dabei nach einem bewährten Plan vor:

Arbeitsschritte für eine Kurzfassung:

1. **Lies den Text aufmerksam, bis du ihn vollständig verstanden hast.**
   Unbekannte Wörter schlägst du im Wörterbuch oder im Lexikon nach.
2. **Unterstreiche oder markiere wesentliche Aussagen von jedem Absatz.**
   Wenn der Text nicht in Absätze gegliedert ist, teilst du ihn in Sinnabschnitte ein. Das sind die Stellen, wo eine neue Information, ein neuer Gedanke beginnt.
3. **Formuliere das Thema des Textes.**
   Meist genügt dafür ein Satz.
4. **Verknüpfe die unterstrichenen oder markierten Passagen zu sinnvollen, vollständigen Sätzen.**
   Dabei kannst du dich an den Stil der Vorlage anlehnen. Komplizierte Strukturen versuchst du in leicht verständliche umzuformen.
5. **Achte darauf, dass der Text durch die Kürzung nicht verfälscht wird.**

Sandra hat von den ersten drei Absätzen (20 Zeilen) des Zeitschriftenartikels folgende Kurzfassung (samt Einleitung) formuliert:

In ihrem Artikel „14 und schon pleite?" berichtet Petra Iglseder-Hesz von den Schwierigkeiten vieler Jugendlicher mit Geld richtig umzugehen. Die Gründe dafür sieht sie darin, dass sich Eltern zu wenig um ihre Kinder kümmern und in der teilweise aggressiven Werbung für Konsum und Kredite.

1. Absatz:
Österreichs Kinder lernen nie mit Geld richtig umzugehen. Die Folge ist, dass schon Vierzehnjährige Schulden bei der Bank haben.

2. und 3. Absatz:
Für die vielfältigen Wünsche reicht oft das Taschengeld nicht aus; viele Jugendliche gehen deshalb neben Schule und Ausbildung einem Nebenjob nach.
Dabei kriegen 58% der Jugendlichen Taschengeld, der Hälfte der Buben stehen immerhin 75 € zur Verfügung.

118 **ÜBUNG**

Lies folgenden Text von Konrad Lorenz.

Tiersprache

Es ist nichts Besonderes, das „Vokabularium" einiger Tierarten zu verstehen. Wir können auch zu den Tieren sprechen, wenigstens soweit dies im Bereich der Möglichkeiten unserer physischen Ausdrucksmittel liegt und insofern die Tiere ihrerseits bereit sind, mit uns Kontakt aufzunehmen. Man muss aber dann auch aufpassen, dass man sich nicht verspricht, wie es meinem Freunde Alfred Seitz einmal unterlaufen ist. Wir drehten damals, an einem Frühsommertag, gerade unseren Graugansfilm in den Auen der Donau. Langsam zogen wir durch eine Urlandschaft von Wasser, Weiden und Schilf, langsam, sehr langsam, denn unser Marschtempo entsprach der Höchstgeschwindigkeit der dreizehn jungen Stockenten und der neun kleinen Graugänse, die in langer Kolonne hinter uns herwanderten. Schließlich hatten wir einen schönen, malerischen Platz erreicht, der Alfred für seine Aufnahmen passte. Ich hörte nach einiger Zeit aus der Ferne, dass Alfred mit den Enten schimpfte, die immer wieder zur falschen Zeit ins Bild schwammen. Während ich noch überlegte, ob ich die Entlein weglocken sollte, hörte ich plötzlich Alfred gereizt und bestimmt sagen: „Rang – angang, rang ... ah, will sagen, quähg, gegegeg – quähg, gegeg ..." Er hatte sich versprochen, indem er nämlich die Enten versehentlich auf „Graugänsisch" angeredet hatte! Freund Alfred sagte natürlich die Laute mit vollendetem graugänsischem bzw. stockentischem Akzent. Eben darum wirkte das dazwischengeschaltete „ah, will sagen" so unwiderstehlich komisch.

Eine Sprache im eigentlichen Sinne des Wortes jedoch haben die Tiere nicht. Jedem Individuum einer höheren Tierart, vor allem einer in Gesellschaft lebenden wie Dohle oder Graugans, ist ein ganzer Signalkodex von Ausdrucksbewegungen und -lauten angeboren. Und angeboren ist sowohl die Fähigkeit, diese Signale auszusenden, als auch die, sie richtig zu „verstehen", das heißt, in arterhaltend sinnvoller Weise zu beantworten.

Mit diesen Erkenntnissen geht ein großer Teil der Ähnlichkeit verloren, die alle tierischen „Verständigungsmittel" bei oberflächlicher Betrachtung mit der menschlichen Wortsprache haben. Diese Ähnlichkeit vermindert sich noch weiter, wenn einem klar wird, dass das Tier in allen Lautäußerungen und Ausdrucksbewegungen keineswegs die bewusste Absicht hat, einen Artgenossen durch sie zu beeinflussen.

Auch allein aufgezogene Graugänse, Stockenten oder Dohlen geben alle diese Signale von sich.

Auch im menschlichen Verhalten gibt es mimische Zeichen, die zwangsläufig eine Stimmung übertragen: Du musst gähnen, wenn dir jemand vorgähnt, um nur das bekannteste Beispiel zu nennen.

Der geheimnisvolle Sende- und Empfangsapparat, der die unbewusste Übertragung von Gefühlen und Affekten vermittelt, ist uralt, viel älter als die Menschheit. Er hat sich bei uns Menschen in dem Maße zurückgebildet, in dem sich

unsere Wortsprache entwickelte. Der Mensch bedarf nicht winzigster Absichtsbewegungen, um seine Stimmung mitzuteilen, er kann es ja sagen.
Dohlen oder Hunde aber sind darauf angewiesen, einander „an den Augen abzulesen“, was jeder im nächsten Augenblick tun wird. Deshalb ist bei in Gesellschaft lebenden Tieren sowohl der Sende- wie der Empfangsapparat der Stimmungsübertragung viel besser entwickelt als bei uns Menschen.
Alle Ausdruckslaute der Tiere sind unserer Wortsprache nicht vergleichbar, sondern ausschließlich solchen Stimmungsäußerungen wie Gähnen, Stirnrunzeln, Lächeln und dergleichen, die unbewusst verwendet werden und angeboren sind. Die „Worte“ der verschiedenen Tier„sprachen“ sind sozusagen nur Interjektionen.

(Konrad Lorenz; Tiersprache: Ausschnitt aus dem Kapitel „Salomons Ring“, in: Er redete mit dem Vieh, den Vögeln und den Fischen. dtv, München 2004)

Wir gehen die einzelnen Phasen der Herstellung einer Kurzfassung anhand des Textes „Tiersprache“ von Konrad Lorenz durch.

- **Text lesen**
- **Unbekannte Wörter nachschlagen:**

Vokabularium	Wörterverzeichnis
physische Ausdrucksmittel	körperliche Ausdrucksmittel, zB die Stimme
Individuum	Einzelwesen
Signalkodex	Zusammenstellung von Zeichen mit bestimmter Bedeutung
mimische Zeichen	Zeichen mithilfe des Mienenspiels (Gesichtsausdruck)
Affekt	Gemütsbewegung, besondere Erregung; Interjektion = Ausrufwörter wie „oh“, „au“ usw.

- **Wichtige Aussagen markieren:** Die Sinnabschnitte entsprechen in diesem Text den Absätzen.
- **Thema des Textes in einem Satz formulieren**, zB „Der Text handelt davon, wie sich Tiere untereinander und wie Menschen sich mit Tieren verständigen können“.
- **Markierte Passagen zu sinnvollen, vollständigen Sätzen verknüpfen:** Komplizierte Zusammenhänge in verständliche Sprache umsetzen. Wie du markierte oder unterstrichene Textstellen zu klar verständlichen Sätzen „verarbeitest“, kannst du an den ersten drei Absätzen mitverfolgen.

1. *Wir können das Vokabular einiger Tierarten verstehen und selbst mit Tieren sprechen, wenn wir die physischen Voraussetzungen haben. Dass man sich dabei „versprechen“ kann, belegt der Autor an einem Beispiel. Sein Freund redete bei einer Fernsehaufnahme Stockenten in „graugänsischer Sprache“ an; als er sich mitten im Satz verbesserte, wirkte das komisch.*

2. *Die Tiere verfügen über keine eigene Sprache, aber sie besitzen eine angeborene Fähigkeit, eine Reihe von Lauten und Bewegungen auszusenden, zu verstehen oder zu beantworten.*
3. *Daraus folgt, dass die tierische Verständigung der menschlichen nicht ähnlich ist, eine absichtliche Beeinflussung findet nicht statt.*

119 ÜBUNG

Formuliere die unterstrichenen Textstellen der übrigen Absätze in sinnvollen Sätzen.

120 ÜBUNG

Verfasse nun die Kurzfassung der gesamten Textvorlage von Konrad Lorenz.

121 ÜBUNG

Aus unbekannten Gründen liegt die Kurzfassung Sandras der Schülerzeitungsredaktion noch immer nicht vor. Schreib an ihrer Stelle die Kurzfassung des Artikels „14 und schon pleite?" (Seite 122).

122 ÜBUNG

Verfasse eine Kurzfassung des Textes „Das Geheimnis der Hieroglyphen" von Dietmar Kaindlstorfer. Du findest den Text im Lösungsheft.

ERKLÄRUNG

Den Inhalt von Texten wiedergeben

Wenn du beispielsweise zu einer Fernsehzeitschrift oder Programmbeilage greifst, willst du erfahren, was ein Film bringt. Der Titel „Der Unbekannte" gibt nichts Aufschlussreiches über den Film bekannt. In der Programmbeilage findest du eine kurze Inhaltsangabe. Sie informiert aber nur so, dass noch Spannung erhalten bleibt – und das ist ja oft das Wichtigste.
Wahrscheinlich bist du schon öfter in eine Buchhandlung gegangen, um in Büchern zu schmökern. Dabei sind die Klappentexte auf der Innenseite des Buchumschlags oder bei Taschenbüchern auf der Rückseite des Buches sehr behilflich, um sich über den Inhalt zu informieren. Klappentexte sollen nämlich die Neugier des Lesers wecken, sie sind die Appetitanreger für den Leser. Der Klappentext des Jugendbuches „Wo warst du, Robert?" von Hans Magnus Enzensberger lautet folgendermaßen:
Was ist nur los mit Roberts Augen? Eines Tages, als er allein in der Küche sitzt und nebenbei ein bisschen fernguckt, passiert es: Er reibt sie sich, das Bild verschwimmt, plötzlich findet er sich in der Filmszene wieder, an einem fremden Ort, in einer fremden Zeit, Aufstand, Soldaten. Robert flüchtet in eine Apotheke, wo er Olga trifft. Bei ihr findet er heraus, wo er gelandet ist: im Jahr 1956 im sowjetischen Nowosibirsk. Das Abenteuer beginnt. Insgesamt siebenmal springt Robert auf diese Weise in der Zeit zurück. Er begegnet seiner Urgroßmutter im aufkeimenden Nationalsozialismus. Im Barock verliebt er sich auf einem Schloss. Im Dreißigjährigen Krieg wird er Mitglied einer Räuberbande. Urplötzlich steht er in der geschichtlichen Szene – ein staunender Robert, der nichts vom herrschenden Alltag weiß, aber seine Zukunft kennt, von der er nichts preisgeben darf.

(Hans Magnus Enzensberger; Klappentext / Was ist nur los mit Roberts Augen?: Wo warst du, Robert? Hanser, München-Wien 1998)

123 ÜBUNG

Du kannst Inhaltsangaben in vereinfachter Form üben. Dazu brauchst du eine Fernsehzeitschrift oder die Programmbeilage einer Zeitung:

- Such einen kurzen Spielfilm nach dem Titel aus, ohne die Inhaltsangabe zu lesen.
- Sieh dir diesen Film an.
- Schreib gleich hernach eine Inhaltsangabe, die für eine Fernsehzeitschrift geeignet wäre. Diese Inhaltsangabe soll nur so viel von der Handlung verraten, dass die Spannung erhalten bleibt. Es genügen meist 2–3 Sätze. Verwende dabei das Präsens.
- Vergleiche anschließend deine Inhaltsangabe mit jener in der Zeitschrift.

ERKLÄRUNG

Wir fassen für ein Zwischenergebnis zusammen

Inhaltsangaben braucht man, wenn man sich über das **Wesentliche** eines Textes, eines Films oder eines Theaterstücks informieren will.
Sie sind **sachlich** geschrieben und werden im **Präsens** wiedergegeben.
Nach dem **Verwendungszweck** unterscheidet man:

1. werbende Inhaltsangaben, zB „Klappentexte", Werbeprospekte der Verlage;
2. wertende Inhaltsangaben, zB Buch- und Filmrezensionen in Zeitschriften;
3. informierende Inhaltsangaben, zB in Schauspielführern.

In der Schule werden Inhaltsangaben meist von kurzen Erzählungen, von Kurzgeschichten oder Satiren verlangt. (Inhaltsangaben von Sachtexten bezeichnet man hingegen meist als „Kurzfassung".)
Wenn du also eine Inhaltsangabe von einer Kurzgeschichte oder einer Erzählung schreiben sollst, ist es wichtig, Merkmale des Erzählens von jenen der Inhaltsangabe zu unterscheiden. Inhaltsangaben sind nämlich Berichte, sachlich und knapp, Erzählungen und Kurzgeschichten sind anderer Art, spannend und ausführlich.
Du kannst die Inhaltsangabe in gewisser Hinsicht mit einer Bildgeschichte vergleichen. Die Inhaltsangabe gibt bekanntlich nur das Wesentliche eines Textes wieder. Auch die Bildgeschichte gibt mit nur wenigen Bildern die wesentlichen Ausschnitte einer Geschichte wieder. Dazu die folgende Übung.

124 ÜBUNG

Schreibe zum folgenden Text die wesentlichen Abschnitte des Inhalts auf.

Die Arbeit fällt dir sicher nicht schwer, wenn du dich an den Bildern orientierst. Es genügt, wenn du zu jedem Bild einen Satz formulierst.

Dimbo bleibt stur

Dimbo blieb stur und Iwan war äußerst genervt. Immer wieder hatte er versucht, den Elefantenbullen ins Freigehege zu locken. Jeder Trick, sanftes Zureden, unbeherrschtes Schreien – alles war erfolglos geblieben, so dass Iwan schließlich zum Stock griff, was sonst selten geschah, um Dimbo zur Vernunft zu bringen. Iwan stocherte vor Dimbos Fuß ratlos in den Sand und schrie mit bereits heiserer Stimme: „Raus, Dimbo, raus!"

Dimbo nahm den Wutausbruch seines Wärters mit gesenktem Kopf zur Kenntnis, ohne sich von der Stelle zu rühren. Iwan wurde von hektischer Betriebsamkeit erfasst. Er raste um den Bullen herum und stocherte mit dem Stock in Dimbos Hinterteil. Wollte er etwa das riesige Tier in seiner Ratlosigkeit einfach hinausschieben? Dimbo hob den Kopf ein wenig, rollte auch den Rüssel mit seiner Spitze nach außen, sonst aber blieb der Elefant unbeweglich.

Nun vergaß Iwan seine festen Grundsätze, wie man mit Tieren umzugehen hätte, und begann wie verrückt auf Dimbo einzuschlagen; der Elefant lutschte aber genüsslich an seinem Rüssel wie ein Kleinkind am Daumen und kümmerte sich keinen Deut um den rasenden Wärter.

Iwan hingegen sank in sich zusammen. Er hatte gegen alle Regeln verstoßen im Umgang mit Dimbo, der ihm so vertraut schien. Resigniert lehnte er sich mit übereinander geschlagenen Beinen an Dimbo. Während er, den Ellbogen am unfolgsamen Dickhäuter angestützt, über seine Erfolglosigkeit nachdachte, musste er feststellen, dass seine erzieherischen Fertigkeiten auf einem Tiefpunkt angelangt waren. Wie könnte er Dimbo doch noch dazu bewegen, sich zu bewegen?

In diesem Moment geschah etwas völlig Unerwartetes. Dimbo begab sich festen Tritts ins Freie. Noch bevor Iwan begriffen hatte, wie ihm geschah, lag er da, als hätte ihm jemand den Boden unter den Füßen weggezogen.

...PAUSE!!

ERKLÄRUNG

Gliederung der Inhaltsangabe

Inhaltsangaben informieren **in knapper Form über das Wesentliche** eines Textes, eines Films oder dgl.
Inhaltsangaben über literarische Texte folgen meist einer klaren **Gliederung**.

Anhand der Kurzgeschichte „Die Fliege" von Kurt Kusenberg sollst du die wesentlichen Bestandteile der Inhaltsangabe kennen lernen.

Kurt Kusenberg: Die Fliege

Nicht jeder Raum eignet sich zum Nachdenken, und wenn man hundert Räume besitzt, muss man herausfinden, welcher von ihnen die Gedanken am meisten fördert. Sooft der Sultan von Tubodin über etwas nachsinnen wollte, begab er sich in die Grüne Kammer, legte sich auf ein Sofa und schloss die Augen; fast immer kam er zu guten Einsichten. Allerdings musste es in der Kammer ganz, ganz still sein – vor allem durfte dort nie eine Fliege summen, denn dieses Geräusch war dem Sultan verhasst.

Der Sklave Maurus hatte dafür zu sorgen, dass in die Grüne Kammer keine Fliege drang. Ein bequemes Amt, wird mancher sagen, ein Faulenzerposten, wie er nur im Morgenland vergeben wird. Doch damit tut man dem Sklaven Maurus Unrecht. Zum einen hatte er sich das Amt nicht erwählt, sondern es war ihm, der in seiner Heimat als ein kundiger Baumeister galt, vom Schicksal auferlegt worden, und er litt unter der Erniedrigung. Zum anderen ist es gar nicht so leicht, im Orient Fliegen aus dem Zimmer zu halten.

An dem Tage, von dem hier berichtet wird, ruhte der Sultan in der Grünen Kammer auf dem Sofa und sann so vor sich hin. Maurus, der mit seiner Fliegenpatsche bei der Tür stand, war unruhig. Er wusste es nicht geradezu, aber er ahnte, er argwöhnte, dass irgendwo eine Fliege sitze, und konnte nur hoffen, dass sie sich nicht zeige. Doch da hörte, da sah er sie schon. In taumeligen Kurven flog sie einher und summte wie eine Hornisse.

Der Sultan schlug die Augen auf. „So liederlich", sprach er, „versiehst du dein Amt! Wie soll ich nachdenken, wenn das Zimmer voller Fliegen ist?"

„Verzeiht, Herr", antwortete Maurus, „es ist nur eine einzige Fliege, ich werde sie sofort erlegen."

Der Sultan blickte nach einem Tisch aus Jaspis, auf dem vielerlei Kostbarkeiten standen. „Wende die goldene Sanduhr um. Solange der Sand rieselt, hast du Zeit, die Fliege zu töten. Gelingt es dir nicht, stirbst du."

Es war eine kurze Frist, denn das goldene Ding diente als Zeitmaß für die Ansprachen, die der Sultan an seine Minister richtete; in sechs Minuten lief der Sand durchs Glas. Mit zitternder Hand kehrte Maurus die Sanduhr um und begann eine Jagd, die keinen guten Ausweg versprach. In der Grünen Kammer standen auf sieben langen Tischen unzählige Kunstgegenstände, an den

Wänden hingen Ampeln, Waffen und geschnitzte Figuren: lauter Verstecke für die Fliege, sichere Verstecke, weil Maurus nichts beschädigen durfte.
Die Fliege stieß ans Fenster, zweimal, dreimal, und Maurus schlich hinzu. Als sie erneut gegen die Scheibe fuhr, schlug er nach ihr; doch er verfehlte sie.
Mit empörtem Gesumm stürzte und wirbelte die Fliege umher, sie führte sich auf wie eine Besessene. Obwohl ein winziges Wesen nur und des Denkens nicht fähig, spürte sie genau, dass man ihr ans Leben wollte. Zudem war es die Stunde, in der alle Fliegen der Welt, auch wenn sie sich nicht bedroht fühlen, unsinnige Tänze aufführen – die Stunde vor Sonnenuntergang.
Die Fliege in der Luft zu treffen schien unmöglich. Blitzschnell schoss sie dahin und änderte in einem fort die Richtung. Maurus behielt sie im Auge, er betete im Stillen, sie möge sich endlich niedersetzen. Es kam ihm jetzt nicht mehr darauf an, ob er mit seiner Patsche etwas beschädigte: wenn er nur das leidige Insekt dabei erschlug. Da setzte sich die Fliege nieder, und es war, als vermöge sie doch zu denken, denn nunmehr befand sie sich jenseits aller Gefahr. Sie saß auf der rechten Schulter des Sultans.
Maurus blickte auf die Sanduhr und sah, dass sie zur Hälfte abgelaufen war, Was sollte er bloß tun? Es ging nicht an, den Sultan von Tubodin mit der Fliegenpatsche zu treffen, und wer es dennoch unternahm, musste mit einem qualvollen Tod rechnen. Da war der flinke Säbel des Henkers noch das kleinere Übel.
Der Sultan lag mit geschlossenen Augen auf dem Sofa, er tat, als sinne er oder träume er vor sich hin; er weidete sich jedoch an der Verzweiflung des Sklaven. Er horchte auf dessen Schritte und suchte zu erraten, wie es um die Fliegenjagd stand. Als er Maurus nicht mehr gehen, die Fliege nicht mehr summen hörte, wurde er unmutig. Am Ende gelang es dem Tölpel, sich im allerletzten Augenblick zu retten! Der Sultan konnte nicht wissen, dass die Fliege auf seiner eigenen Schulter saß, dass sie einen hohen Schutz genoss.
Maurus stand reglos, er hatte keine Hoffnung mehr. Ohne hinzuschauen sah er, wie die Sanduhr drüben ihm eilig das Urteil ausfertigte. Vor seinen Augen wuchsen Häuser empor, Rathäuser und Handelshöfe und Getreidespeicher, eine ganze Stadt, die er hätte bauen wollen und die nun ungebaut blieb, einer Fliege wegen. Indem er dies dachte, hob die Fliege sich von des Sultans rechter Schulter und kreiste in der Luft. Gleich darauf fuhr sie nieder, dicht an Maurus vorbei. Sie streifte die Fliegenpatsche, flog das Sofa an, lief darüber hin, stieg erneut auf und setzte sich schließlich auf des Sultans rechtes Knie. Dort verhielt sie.
Ein wilder Zorn befiel Maurus. „Wenn ich ohnedies sterben muss", dachte er, „soll auch der Sultan sterben. Er ist nicht allzu kräftig, es wird leicht sein ihn zu erwürgen, und hinterher werde ich mich aufhängen." Aber schon kam ihm ein neuer Gedanke: „Meine Tat wird sicher nicht gleich entdeckt. Ich fliehe – vielleicht habe ich Glück, nach so viel Unglück."
Er trat leise auf den Sultan zu und streckte seine Hände aus. Sie zitterten nicht, wie vorhin, als er die Sanduhr umgewendet hatte, sie waren ganz ruhig. Jetzt kam es darauf an, den Hals des Sultans rasch und fest zu umklammern, damit ihm kein Schrei mehr entfahre. In diesem Augenblick verließ die Fliege

ihren Sitz, zog einen Halbkreis und ließ sich auf der Stirn des Sultans nieder. Der Sultan schlug nach ihr, die Fliege fiel auf das Sofa herab.
Im Zuschlagen öffnete der Sultan die Augen. Er sah die Hände des Sklaven dicht bei seinem Hals und erkannte, was jener mit ihm vorhatte. „Du willst mich töten?", fragte er. Maurus nickte. „Ich wollte es, Herr, weil ich um einer Fliege willen sterben sollte."
Als dem Sultan aufging, wie nahe ihm der Tod gewesen, erschrak er. Sein Herz pochte, er wurde bleich. Einer Fliege wegen, sann er und konnte es gar nicht fassen, einer kleinen Fliege wegen wäre ich ums Haar ermordet worden.
Er brauchte ein Weilchen, bis er seine Stimme wiederfand. Dann sprach er: „Dass du mich töten wolltest, lassen wir beiseite. Fest steht, dass nicht klar entschieden worden ist, ob du dein Leben verwirkt hast oder nicht, denn als ich die Fliege erschlug, war die Frist noch nicht abgelaufen. Oder irre ich mich?"
„Ich weiß es nicht, Herr", erwiderte Maurus. „Ich habe zuletzt den Anblick der Sanduhr gemieden."
„Wir wollen", fuhr der Sultan fort, „den Fall zu Ende bringen. Du wendest jetzt noch einmal die Sanduhr; dann rennst du, so schnell du kannst und so weit du kommst, um dein Leben. Sobald die Zeit um ist, schicke ich meine Aufseher und Jäger hinter dir her. Fasst man dich, gehörst du dem Henker."
Maurus tat, wie ihm befohlen war. Er kehrte die Sanduhr um, stürzte aus der Grünen Kammer, rannte die Treppen hinab, durcheilte die Höfe, die Tore und erreichte im Nu die engen Gassen der Stadt. Alle, an denen er vorüberschoss, hielten ihn für den schnellsten Kurier des Sultans.
In der Grünen Kammer lief die Sanduhr aus. Der Sultan griff nach einer Glocke, um die Aufseher herbeizuläuten; da sah er, was er nicht glauben mochte. Die Fliege auf dem Sofa, die er tot gewähnt, hatte sich erholt, sie kroch umher. Als sie sich gar in die Luft schwang und auf ihn zuflog, duckte er sich wie unter einer Gefahr. „Ein Zeichen!", dachte er furchtsam. „Eine Warnung! Ich soll nicht läuten."
So kam es, dass die Jagd auf den Sklaven Maurus unterblieb, dass er bald darauf seine Heimat erreichte und wieder ein Baumeister wurde.
(Kurt Kusenberg; Die Fliege: Deutsche Kurzgeschichten, 5.–6. Schuljahr, Reclam, Stuttgart 1973)

Verfolge nun aufmerksam die Inhaltsangabe und vergleiche sie mit dem Text „Die Fliege".

Inhaltsangabe zur Kurzgeschichte	Bemerkungen
Kurt Kusenberg erzählt in der Kurzgeschichte „Die Fliege" eine Begebenheit aus dem alten Orient. Es geht um einen Auftrag, den ein Mensch nicht ausführen kann, und um die Gefahr für sein Leben, in die er dadurch gerät.	Inhaltsangaben haben eine **EINLEITUNG**, in der bereits angedeutet wird, worum es geht.
In der Grünen Kammer seines Palastes pflegt der Sultan von Tubodin mit geschlossenen Augen nachzudenken. Der Sklave Maurus muss dafür sorgen, dass ihn keine Fliege stört. Als eines Tages dennoch eine Fliege den Unwillen des Herrschers erregt, gibt er dem Sklaven die Frist von sechs Minuten, der Laufzeit einer Sanduhr, die Fliege zu fangen oder – zu sterben. Die Aufgabe erweist sich als schwierig, und als sich das rastlose Tier auf das Knie des Sultans setzt, sieht Maurus seine Chance auf Erfolg schwinden. Angesichts des drohenden Todes will er den Sultan erwürgen, um sein Leben zu retten. Da erschlägt der Sultan selbst die Fliege und bemerkt dabei die Absicht seines Dieners. Er gibt ihm, bis die Sanduhr erneut durchgelaufen ist, einen Vorsprung zur Flucht. Als er dem Flüchtenden die Aufseher nachschicken will, erhebt sich die tot geglaubte Fliege wieder. Der Sultan sieht das als höheres Zeichen, den Flüchtenden nicht weiter verfolgen zu lassen. So entkommt Maurus in seine Heimat.	■ Angaben zu Personen, Ort und Zeit stehen am Beginn des **HAUPTTEILS**, soweit sie für das Verständnis nötig sind. ■ Knappe Ausdrucksweise und sachlicher Stil sind Kennzeichen der Inhaltsangabe. ■ Direkte Reden werden nur indirekt wiedergegeben. ■ Zeitform: Präsens
Vermutlich will der Autor zeigen, dass ein unmenschlicher Befehl nicht nur den Untertan, sondern auch den Herrscher selbst in große Gefahr bringt. Der Sultan hat aus dieser Erkenntnis rasch gelernt.	Der **SCHLUSS** geht der Frage nach, welche Absicht der Verfasser mit dem Text verfolgt.

...PAUSE!

ERKLÄRUNG

Die Bestandteile einer Inhaltsangabe

1. **Einleitung:** Verfasser, Titel, Textsorte; Angabe des Themas in einem Satz
2. **Hauptteil:** Zu beachten ist dabei:
   - sachliche Information über das Wesentliche eines Textes
   - Umwandlung direkter Rede in indirekte Rede
   - mit eigenen Worten formulieren
   - Präsens
3. **Schluss:** Hinweis auf die Absicht des Verfassers, persönliche Stellungnahme zum Text

❶ DIE EINLEITUNG – KURZ UND AUFSCHLUSSREICH

Die **Einleitung** einer Inhaltsangabe **nennt**

- den **Verfasser**
- den **Titel** und die **Textsorte** (zB Kurzgeschichte, Satire usw.)
- Außerdem **informiert** sie – meist in einem Satz – **über das Thema**, das der Text behandelt.

Verfasser, Titel und Textsorte zu nennen ist meist nicht schwierig. Schwieriger ist es schon, in einem oder zwei Sätzen zu sagen, was das Thema des Textes ist.

Wenn du die Einleitung schreibst, gehst du **schrittweise** so vor:

1. Lies den Text aufmerksam durch.

Möglicherweise kannst du schon nach der ersten Lektüre Antwort geben auf die Fragen: **Wer** ist die Hauptfigur/sind die Hauptfiguren der Handlung?
Was tut/tun sie? Oder was geschieht mit ihr/ihnen?
Die Fragen **Wie?** und **Warum?** werden erst im Hauptteil behandelt.
Beispiel: Ernest Hemingway: Alter Mann an der Brücke
Wer? Ein alter Mann und seine Haustiere
Was geschieht mit ihnen? Sie werden durch die Ereignisse des Bürgerkriegs in Spanien auseinandergerissen.

2. Schreib auf einem Zettel die notwendigen Daten auf:

Verfasser
Titel
Textsorte
Hauptperson(en)
Ort
Zeit

3. Schreib nun probeweise deine Einleitung. Leg sie dann beiseite. Bei der Arbeit mit dem Text (im Hauptteil) werden dir vielleicht noch einige Zusammenhänge klarer.

125 ÜBUNG

Lies die Inhaltsangabe zur Kurzgeschichte „Die Möhre" von Peter Härtling.

Ein Hinweis: Die Begebenheit spielt zur Zeit des 2. Weltkriegs.
Otto ist mit seiner Mutter und seinen Geschwistern auf der Flucht. In einem Dorf findet die Familie notdürftig Unterkunft. Voller Angst erleben die Erwachsenen den Einmarsch der russischen Armee. Die Menschen werden vom Hunger gequält. Manche Leute aber besitzen Gärten und können sich Vorräte anlegen; auch der Besitzer des Hauses, in dem Otto mit seiner Familie untergebracht ist. Als an einem Abend russische Soldaten in diesem Haus ein Fest feiern, schleicht sich Otto von Hunger getrieben in den Garten, um eine Möhre zu stehlen.
Prompt wird er vom Hausbesitzer ertappt und gedemütigt.
Der Hausbesitzer erlaubt ihm nicht einmal die Möhre zu essen.
Bevor du die Einleitung schreibst, beantworte zuerst die Fragen:
Verfasser; Titel und Textsorte; Worum geht es?; Hauptperson; Zeit; Ort.
Nun formulierst du die Einleitung.

126 ÜBUNG

Lies folgenden Text – wir begeben uns nochmals in den Orient – und schreibe die Einleitung zur Inhaltsangabe.

Der Traum des Sultans

Vor langer Zeit lebte ein Sultan in der Türkei, der war als harter und grausamer Herrscher im ganzen Land gefürchtet. Der Sultan war misstrauisch und abergläubisch. Eines Nachts plagte ihn ein schwerer Traum: Ein riesiger Wald brannte lichterloh. Tausende von großen und kleinen Bäumen kamen in den Flammen um. Zum Schluss ragte nur noch ein einziger uralter Stamm aus dem Brandherd hervor.
Mit einem Schrei wachte der Sultan auf und ließ mitten in der Nacht einen Traumdeuter holen. Der Mann erschien mit einem dicken Buch, in dem alle möglichen Träume aufgezeichnet waren. Als der Traumdeuter lange genug gesucht hatte, sagte er bedauernd: „Erhabener Sultan, euch wird ein großes Missgeschick heimsuchen; denn wenn sich dieser Traum erfüllt, werdet ihr alle Kinder und Kindeskinder sterben sehen."
„Das wagst du mir zu sagen!", schrie der Sultan und befahl, den Traumdeuter für seine Frechheit mit hundert Stockhieben zu bestrafen.
Ein zweiter Traumdeuter musste kommen. Auch er forschte lange in einem Traumbuch. Doch dann verkündete er fröhlich: „Großes Glück, o Sultan, wird euch widerfahren; denn eure Gesundheit ist so gut, dass ihr alle eure Verwandten überleben werdet."
Das freute den Sultan. Er lobte die Weisheit des zweiten Traumdeuters und ließ ihm als Lohn für seinen Spruch hundert Goldstücke überreichen.

❷ DER HAUPTTEIL – DEN INHALT VERKÜRZT WIEDERGEBEN

Im Hauptteil wird der Inhalt des Textes verkürzt wiedergegeben. Übrig bleibt, was für den Sinnzusammenhang wichtig ist.
Was ist nun wichtig? Wir haben bereits darauf hingewiesen, dass die Inhaltsangabe mit einer Bildgeschichte zu vergleichen ist. Die **Bildgeschichte** gibt die wichtigsten Momente einer Geschichte mit Bildern wieder, die **Inhaltsangabe** gibt, wie du aus der Bezeichnung erschließen kannst, die wesentlichen Ausschnitte mit Worten wieder.

Nicht immer ist es so einfach, „die Bilder" eines Textes, also die Sinnabschnitte, zu finden. Ein „Bild" entsteht jeweils dort,

- wo die Ausgangssituation zu zeigen ist; (na klar, irgendwo und irgendwie muss die Geschichte ja beginnen);
- wo ein entscheidender Wechsel des Schauplatzes stattfindet;
- wo ein neuer zeitlicher Abschnitt einsetzt;
- wo wichtige neue Figuren in die Szene kommen (das sind Figuren, die die Handlung oder einen Vorgang verändern);
- wo sich am Zustand einer wichtigen Figur – meist der Hauptfigur – Entscheidendes verändert.

❸ DER SCHLUSS – EINE PERSÖNLICHE AUSEINANDERSETZUNG MIT DEM TEXT

Im Schlussteil sollst du festhalten,

- worauf der Autor mit dem Text hinweisen will,
- wie der Text auf dich gewirkt hat oder was der Text dir gezeigt hat.

Nicht immer ist klar, welche Absicht der Autor mit seinem Text verfolgt (hat). Oft kann man nur Vermutungen anstellen; der Autor will beispielsweise eine Erfahrung oder eine Lehre mitteilen (so nach der Art: „Und die Moral von der Geschicht' ..."), auf einen gesellschaftlichen Missstand hinweisen oder veraltete Gewohnheiten verspotten. Manchmal finden sich bereits im Titel Hinweise auf den Kern der Aussage, zB „Höhenflugrekord" von Lion Feuchtwanger.
Wenn du erklären sollst, wie der Text auf dich gewirkt hat, kannst du zunächst vom ersten Eindruck ausgehen. Dein Urteil darf sich allerdings nicht auf die Feststellung „Der Text hat mir gut / nicht besonders gefallen" beschränken; zumindest solltest du für diese Aussage eine überzeugende Begründung angeben.
Der Schlussteil zu Ernest Hemingways „Alter Mann auf der Brücke" (dazu Näheres Seite 141 f.) könnte so lauten:
Es ist wahrscheinlich die Absicht Hemingways, beim Leser Mitleid für einen alten Menschen zu erwecken, dessen bescheidenes Glück vom Krieg zerstört wird. Mir zeigt der Text, dass Krieg das Menschenunwürdigste der Welt ist.

Anhand der folgenden Erzählung kannst du die Einteilung in Sinnabschnitte verfolgen.

Federica de Cesco: Spaghetti für zwei

Heinz war bald vierzehn und fühlte sich sehr cool. In der Klasse und auf dem Fußballplatz hatte er das Sagen. Aber richtig schön würde das eben erst werden, wenn er im nächsten Jahr seinen Töff bekam und den Mädchen zeigen konnte, was für ein Kerl er war. Er mochte Monika, die Blonde mit den langen Haaren aus der Parallelklasse, und ärgerte sich über seine entzündeten Pickel, die er mit schmutzigen Nägeln ausdrückte. Im Unterricht machte er gerne auf Verweigerung. Die Lehrer sollten bloß nicht auf den Gedanken kommen, dass er sich anstrengte.

Mittags konnte er nicht nach Hause, weil der eine Bus zu früh, der andere zu spät abfuhr. So aß er im Selbstbedienungsrestaurant, gleich gegenüber der Schule. Aber an manchen Tagen sparte er lieber das Geld und verschlang einen Hamburger an der Stehbar. Doch manchmal – so wie heute – hing ihm der Big Mac zum Hals heraus. Er hatte Lust auf ein richtiges Essen. Einen Kaugummi im Mund stapfte er die Treppe zum Restaurant hinauf. Viel Geld wollte Heinz nicht ausgeben. „Italienische Gemüsesuppe“ stand im Menü. Warum nicht? Ein schwitzendes Fräulein schöpfte die Suppe aus einem dampfenden Topf. Heinz nickte zufrieden. Der Teller war ganz ordentlich voll. Eine Schnitte Brot dazu und er würde bestimmt satt. Er setzte sich an einen freien Tisch, nahm den Kaugummi aus dem Mund und klebte ihn unter den Stuhl. Da merkte er, dass er den Löffel vergessen hatte. Heinz stand auf und holte sich einen. Als er zu seinem Tisch zurückstapfte, traute er seinen Augen nicht: Ein Schwarzer saß an seinem Platz und aß seelenruhig seine Gemüsesuppe! Heinz stand mit seinem Löffel fassungslos da, bis ihn die Wut packte. Zum Teufel mit diesen Asylwerbern! Der kam irgendwo aus Uagadugu, wollte sich in der Schweiz breit machen und jetzt fiel ihm nicht Besseres ein, als ausgerechnet seine Gemüsesuppe zu verzehren! Schon möglich, dass so was den afrikanischen Sitten entsprach, aber hierzulande war das eine bodenlose Unverschämtheit! Heinz öffnete den Mund, um dem Menschen lautstark seine Meinung zu sagen, als ihm auffiel, dass die Leute ihn komisch ansahen. Heinz wurde rot. Er wollte nicht als Rassist gelten. Aber was nun?

Plötzlich fasste er einen Entschluss. Er räusperte sich vernehmlich, zog einen Stuhl zurück und setzte sich dem Schwarzen gegenüber. Dieser hob den Kopf, blickte ihn kurz an und schlürfte ungestört die Suppe weiter. Heinz presste die Zähne zusammen, dass die Kinnbacken schmerzten. Dann packte er energisch den Löffel, beugte sich über den Tisch und tauchte ihn in die Suppe. Der Schwarze hob abermals den Kopf. Sekundenlang starrten sie sich an. Heinz bemühte sich, die Augen nicht zu senken. Er führte mit leicht zitternder Hand den Löffel zum Mund und tauchte ihn zum zweiten Mal in die Suppe. Seinen vollen Löffel in der Hand, fuhr der Schwarze fort, ihn stumm zu betrachten. Dann senkte er die Augen auf seinen Teller und aß weiter. Eine Weile verging. Beide teilten sich die Suppe, ohne dass ein Wort fiel. Heinz versuchte nachzu-

denken. „Vielleicht hat der Mensch kein Geld, muss schon tagelang hungern. Dann sah er die Suppe da stehen und bediente sich einfach. Schon möglich, wer weiß? Vielleicht würde ich mit leerem Magen ähnlich reagieren? Und Deutsch kann er anscheinend auch nicht, sonst würde er da nicht sitzen wie ein Klotz. Ist doch peinlich. Ich an seiner Stelle würde mich schämen. Ob Schwarze wohl rot werden können?" Das leichte Klirren des Löffels, den der Afrikaner in den leeren Teller legte, ließ Heinz die Augen heben. Der Schwarze hatte sich zurückgelehnt und sah ihn an. Heinz konnte seinen Blick nicht deuten. Er versuchte den Schwarzen abzuschätzen. „Junger Kerl. Etwas älter als ich. Vielleicht sechzehn oder sogar schon achtzehn. Normal angezogen: Jeans, Pulli, Windjacke. Sieht eigentlich nicht wie ein Obdachloser aus.

Immerhin, der hat meine halbe Suppe aufgegessen und sagt nicht einmal danke! Verdammt, ich habe noch Hunger!"

Der Schwarze stand auf. Heinz blieb der Mund offen. „Haut der tatsächlich ab? Jetzt ist aber das Maß voll! So eine Frechheit! Der soll mir wenigstens die halbe Gemüsesuppe bezahlen!" Er wollte aufspringen und Krach schlagen. Da sah er, wie sich der Schwarze mit einem Tablett in der Hand wieder anstellte. Heinz fiel unsanft auf seinen Stuhl zurück und saß da wie ein Ölgötze. „Also doch: Der Mensch hat Geld! Aber bildet der sich vielleicht ein, dass ich ihm den zweiten Gang bezahle?"

Heinz kratzte nervös an einem Pickel. Irgendwie wollte er wissen, wie es weiterging.

Der Schwarze hatte einen Teller bestellt. Jetzt stand er vor der Kasse und – wahrhaftig – er bezahlte! Heinz schniefte. Da kam der Schwarze zurück. Er trug das Tablett, auf dem ein großer Teller Spaghetti stand, mit Tomatensoße, vier Fleischbällchen und zwei Gabeln. Immer noch stumm, setzte er sich Heinz gegenüber, schob den Teller in die Mitte des Tisches, nahm eine Gabel und begann zu essen, wobei er Heinz ausdruckslos in die Augen schaute. Heiliger Strohsack! Dieser Typ forderte ihn tatsächlich auf, die Spaghetti mit ihm zu teilen! Heinz brach der Schweiß aus. Was nun? Sollte er essen? Nicht essen? Seine Gedanken überstürzten sich. Wenn der Mensch doch wenigstens reden würde! „Na gut. Er aß die Hälfte meiner Suppe, jetzt esse ich die Hälfte seiner Spaghetti, dann sind wir quitt!" Wütend und beschämt griff Heinz nach der Gabel, rollte die Spaghetti auf und steckte sie in den Mund. Schweigen. Beide verschlangen die Spaghetti. „Eigentlich nett von ihm, dass er mir eine Gabel brachte", dachte Heinz. „Aber was soll ich jetzt sagen? Danke? Einen Vorwurf machen kann ich ihm auch nicht mehr. Vielleicht hat er gar nicht bemerkt, dass er meine Suppe aß. Oder vielleicht ist es üblich in Afrika, sich das Essen zu teilen? Wenn ich nur nicht so schwitzen würde!"

Der Schwarze legte die Gabel aufs Tablett und putzte sich mit der Papierserviette den Mund ab. Er lehnte sich zurück, schob die Daumen in die Jeanstasche und sah ihn an. Undurchdringlich. Heinz kratzte sich unter dem Rollkragen, bis ihm die Haut schmerzte. „Heiliger Bimbam! Wenn ich nur wüsste, was er denkt!" Verwirrt ließ er seine Blicke umherwandern. Plötzlich spürte er ein Kribbeln im Nacken. Ein Schauer jagte ihm über die Wirbelsäule von den Ohren bis ans Gesäß. Auf dem Nebentisch, an den sich bisher niemand gesetzt hatte, stand – einsam auf dem Tablett – ein kalter Teller Gemüsesuppe. Heinz erlebte den peinlichsten Augenblick seines Lebens. Es vergingen zehn volle Sekunden, bis er es endlich wagte, dem Schwarzen ins Gesicht zu sehen. Der saß da, völlig entspannt und cooler, als Heinz es je sein würde, und wippte leicht mit dem Stuhl hin und her.

„Äh ...", stammelte Heinz, feuerrot im Gesicht. „Entschuldigen Sie bitte. Ich ..."

Er sah die Pupillen des Schwarzen aufblitzen, sah den Schalk in seinen Augen schimmern. Auf einmal warf er den Kopf zurück, brach in dröhnendes Gelächter aus. Zuerst brachte Heinz nur ein verschämtes Glucksen zustande, bis endlich der Bann gebrochen war und er aus vollem Hals in das Gelächter des Afrikaners einstimmte. Eine Weile saßen sie da, von Lachen geschüttelt. Dann stand der Schwarze auf, schlug Heinz auf die Schulter.

„Ich heiße Marcel", sagte er in bestem Deutsch. „Ich esse jeden Tag hier. Sehe ich dich morgen wieder? Um die gleiche Zeit?"

Heinz schnappte nach Luft.

„In Ordnung!", keuchte er. „Aber dann spendiere ich die Spaghetti!"

(Federica de Cesco; Spaghetti für zwei: aus: Freundschaft hat viele Gesichter. Rex, Luzern und Stuttgart 1968)

127 ÜBUNG

Gliedere den Text in Sinnabschnitte.

Dazu eine Hilfestellung: Nimm an, du solltest den Text in wenigen Bildern darstellen. Was müsste darauf zu sehen sein? Wenn du diese Aufgabe löst, hast du die entsprechenden Sinnabschnitte.

128 ÜBUNG

Der Schluss für die Kurzgeschichte „Spaghetti für zwei" von Federica de Cesco ist für dich sicher eine willkommene Herausforderung. Schreib ihn jetzt.

ERKLÄRUNG

Sprachliche Stolpersteine bei Inhaltsangaben

Das folgende Kapitel möchte dich noch auf andere Schwierigkeiten hinweisen, die beim Verfassen von Inhaltsangaben häufig auftreten. Der Text wird einige dieser Schwierigkeiten bei der Inhaltsangabe aufzeigen.

Ernest Hemingway: Alter Mann an der Brücke

Ein alter Mann mit einer Stahlbrille und sehr staubigen Kleidern saß am Straßenrand. Über den Fluss führte eine Pontonbrücke, und Karren und Lastautos und Männer, Frauen und Kinder überquerten sie. Die Maultier-Karren schwankten die steile Uferböschung hinter der Brücke hinauf, und Soldaten halfen und stemmten sich gegen die Speichen der Räder. Die Lastautos arbeiteten schwer, um aus alledem herauszukommen, und die Bauern stapften in dem knöcheltiefen Staub einher. Aber der alte Mann saß da, ohne sich zu bewegen. Er war zu müde, um noch weiter zu gehen. Ich hatte den Auftrag, über die Brücke zu gehen, den Brückenkopf auf der anderen Seite auszukundschaften und ausfindig zu machen, bis zu welchem Punkt der Feind vorgedrungen war. Ich tat das und kehrte über die Brücke zurück. Jetzt waren dort nicht mehr so viele Karren und nur noch wenige Leute zu Fuß, aber der alte Mann war immer noch da.

„Wo kommen Sie her?“, fragte ich ihn.

„Aus San Carlos“, sagte er und lächelte.

Es war sein Heimatort, und darum machte es ihm Freude, ihn zu erwähnen, und er lächelte.

„Ich habe Tiere gehütet“, erklärte er.

„So“, sagte ich und verstand nicht ganz.

„Ja“, sagte er, „wissen Sie, ich blieb, um die Tiere zu hüten. Ich war der Letzte, der die Stadt San Carlos verlassen hat.“

Er sah weder wie ein Schäfer noch wie in Rinderhirt aus, und ich musterte seine staubigen, schwarzen Sachen und sein graues, staubiges Gesicht und seine Stahlbrille und sagte: „Was für Tiere waren es denn?“

„Allerhand Tiere“, erklärte er und schüttelte den Kopf. „Ich musste sie dalassen.“

Ich beobachtete die Brücke und das afrikanisch aussehende Land des Ebro-Deltas und war neugierig. Wie lange es jetzt wohl noch dauern würde, bevor wir den Feind sehen würden, und ich horchte die ganze Zeit über auf die ersten Geräusche, die immer wieder das geheimnisvolle Ereignis ankündigen, das man „Fühlung nehmen“ nennt, und der alte Mann saß noch immer da.

„Was für Tiere waren es?“, fragte ich.

„Es waren im Ganzen drei Tiere“, erklärte er. „Es waren zwei Ziegen und eine Katze und dann noch vier Paar Tauben.“

„Und Sie mussten sie dalassen?", fragte ich.
„Ja, wegen der Artillerie. Der Hauptmann befahl mir, fortzugehen wegen der Artillerie."
„Und Sie haben keine Familie?", fragte ich und beobachtete das jenseitige Ende der Brücke, wo ein paar letzte Karren den Uferabgang hinunterjagten.
„Nein", sagte er, „nur die Tiere, die ich angegeben habe. Der Katze wird natürlich nichts passieren. Eine Katze kann für sich selbst sorgen, aber ich kann mir nicht vorstellen, was aus den anderen werden soll."
„Wo stehen Sie politisch?", fragte ich.
„Ich bin nicht politisch", sagte er. „Ich bin sechsundsiebzig Jahre alt. Ich bin jetzt zwölf Kilometer gegangen, und ich glaube, dass ich jetzt nicht weitergehen kann." „Dies ist kein guter Platz zum Bleiben", sagte ich. „Falls Sie es schaffen können, dort oben, wo die Straße nach Tortosa abzweigt, sind Lastwagen."
„Ich will ein bisschen warten", sagte er, „und dann werde ich gehen. Wo fahren die Lastwagen hin?"
„Nach Barcelona", sagte ich ihm.
„Ich kenne niemanden in dieser Richtung", sagte er, „aber danke sehr. Nochmals schönen Dank."
Er blickte mich ganz ausdruckslos und müde an, dann sagte er, da er seine Sorgen mit jemandem teilen musste: „Der Katze wird nichts passieren, das weiß ich; man braucht sich wegen der Katze keine Sorgen zu machen. Aber die andern; was glauben Sie wohl von den andern?"
„Ach, wahrscheinlich werden sie heil durch alles durchkommen."
„Glauben Sie das?"
„Warum nicht?", sagte ich und beobachtete das jenseitige Ufer, wo jetzt keine Karren mehr waren.
„Aber was werden sie unter der Artillerie tun, wo man mich wegen der Artillerie fortgeschickt hat?"
„Haben Sie den Taubenkäfig unverschlossen gelassen?", fragte ich.
„Ja."
„Dann werden sie wegfliegen."
„Ja, gewiss werden sie wegfliegen. Aber die andern? Es ist besser, man denkt nicht an die andern", sagte er.
„Wenn Sie sich ausgeruht haben, sollten Sie gehen", drängte ich.
„Stehen Sie auf und versuchen Sie jetzt einmal zu gehen."
„Danke", sagte er und stand auf, schwankte hin und her und setzte sich dann rücklings in den Staub.
„Ich habe Tiere gehütet", sagte er eintönig, aber nicht mehr zu mir. „Ich habe doch nur Tiere gehütet."
Man konnte nichts für ihn tun. Es war Ostersonntag, und die Faschisten rückten gegen den Ebro vor. Es war ein grauer, bedeckter Tag mit tiefliegenden Wolken, darum waren ihre Flugzeuge nicht am Himmel. Das und die Tatsache, dass Katzen für sich selbst sorgen können, war alles Glück, was der alte Mann je haben würde.

(Ernest Hemingway; Alter Mann an der Brücke: aus: 49 stories. Rowohlt, Hamburg 1950)

❶ Der Text „Alter Mann an der Brücke" ist in der **Ich-Form** geschrieben. Bei Texten in der Ich-Form empfehlen wir dir, dass du in der Inhaltsangabe vom Erzähler sprichst.

Ein Ausschnitt aus dem Text:	**Die Inhaltsangabe würde beispielsweise so lauten:**
„Ich hatte den Auftrag über die Brücke zu gehen … und ausfindig zu machen, bis zu welchem Punkt der Feind vorgedrungen war. Ich tat das und kehrte zur Brücke zurück."	*Der Erzähler muss über die Brücke gehen … und ausfindig machen, bis … Er tut das und kehrt anschließend wieder zur Brücke zurück.*

❷ **Direkte Reden:** In der Kurzgeschichte Hemingways handelt es sich um ein Gespräch zwischen dem Erzähler und der Titelfigur, dem alten Mann. Sie lebt vom Dialog der Gesprächspartner.

Direkte Reden werden in der Inhaltsangabe nicht verwendet. Es gibt für die Inhaltsangabe drei Möglichkeiten, eine direkte Rede zu behandeln:

- Sie kann wegfallen, wenn sie für das Verständnis der zusammengefassten Ereignisse nicht wichtig ist.
- Sie kann zusammenfassend dargestellt, also umschrieben werden.
- Wenn man auf sie nicht verzichten kann, dann wird sie in indirekte Rede umgewandelt. Dazu braucht man den Konjunktiv. Beispiele aus dem Text:

Text	**Bearbeitung für die Inhaltsangabe**	**Arbeitsverfahren**
„Ich will ein bisschen warten … und dann werde ich gehen. Wo fahren die Lastwagen hin?"	....	Streichung
„Nach Barcelona"	....	Streichung
„Ich bin nicht politisch", sagte er. „Ich bin 76 Jahre alt. Ich bin jetzt 12 Kilometer gegangen, und ich glaube, dass ich jetzt nicht weitergehen kann."	*Der Alte antwortet, er sei nicht politisch. Er sei 76 Jahre alt und nach einem langen Fußmarsch könne er nicht mehr weitergehen.*	Übertragung in die indirekte Rede
„Ich habe Tiere gehütet … Ich habe doch nur Tiere gehütet."	*Der alte Mann betont wiederholt das Unverständnis seiner Situation.*	Zusammenfassung

Bei der Übertragung von direkter Rede in indirekte treten erfahrungsgemäß Schwierigkeiten auf, wenn es gilt,

- den richtigen Konjunktiv zu verwenden,
- Fragesätze, besonders Entscheidungsfragen, und
- Aufforderungssätze in indirekte Form umzuformen.

DIREKTE REDEN IN INDIREKTE ÜBERTRAGEN

- Für Aussagen, die von anderen wiedergegeben werden, verwendet man den **1. Konjunktiv**. (Zum Konjunktiv siehe Seite 89ff.)
  Besonders bei Übertragungen von Aussagen, die sich auf Vergangenes beziehen, in die indirekte Rede spüren Schüler immer wieder ein Unbehagen. Aber solche Aufgaben sind leicht zu lösen, wenn man Folgendes beachtet:
  In der indirekten Rede wird **Vergangenes** immer mit **sei/habe + 2. Partizip** gebildet. Die einzelnen Zeitformen der Vergangenheit werden nicht unterschieden.

- Bei der Übertragung von Aussagen anderer innerhalb einer Aussage in indirekte Rede empfiehlt es sich, durch eine Apposition klarzustellen, wessen Aussage vorliegt.

Beispiel: Wood antwortet auf eine Frage folgendermaßen: „Ein Freund **erzählte** mir, dass der ‚Herr der Ringe' verfilmt **wird**, und er **sagte**: ‚Du bist Frodo, Mann!'" ►
Übertragung in indirekte Rede: Ein Freund **habe** ihm **erzählt**, dass der „Herr der Ringe" verfilmt **werde**, und er, der Freund, **habe gesagt**, er, Elijah Wood, **sei** Frodo.

- **Bei** der Umwandlung von Fragesätzen in indirekte Rede gilt Folgendes:
  Für **Entscheidungsfragen** braucht man in der indirekten Rede die Konjunktion **ob**, bei Ergänzungsfragen leitet man mit dem Fragewort aus der direkten Rede ein.

Beispiele: Verena fragte ihre Freundin: „**Kennst** du dich in Mathe **aus?**" ►
Indirekte Rede: Verena fragte ihre Freundin, ob sie sich in Mathe **auskenne.**
Matthias wollte von Cora wissen: „Wie lange **dauert** die Schularbeit noch?" ►
Indirekte Rede: Matthias wollte von Cora wissen, wie lange die Schularbeit noch **dauern werde.**

Für die Umwandlung von Aufforderungssätzen in die indirekte Rede braucht man die **Umschreibung mit *sollen* oder *müssen*.**

Beispiel: Anna flüstert Michael während der Schularbeit zu: „**Schreib** mir die Lösung der Nr. 2 auf!" ►
Indirekte Rede: Anna flüsterte Michael während der Schularbeit zu, er **solle** ihr die Lösung Nr. 2 **aufschreiben.**

129 ÜBUNG

Auszug aus einem Interview, das der TOPIC-Korrespondent Hans Spürkel mit Elijah Wood geführt hat. Elijah Wood spielt den Hobbit Frodo in der Verfilmung „Der Herr der Ringe" von J. R. R. Tolkien. Übertrage die Aussagen des Filmstars Elijah Wood in indirekte Rede.

Du beginnst am besten mit dem einleitenden Satz: Elijah Wood teilte mit, er habe den „Hobbit" gelesen ...

TOPIC: Wie ist das Verhältnis zu den Büchern? Hast du sie alle gelesen?

E.W.: *Ich habe den „Hobbit" gelesen, als ich zehn Jahre alt war. Damals war mir das Buch zu kompliziert. Inzwischen habe ich es gelesen.*

TOPIC: Wie bist du an die Rolle gekommen?

E.W.: *Ein Freund erzählte mir, dass der „Herr der Ringe" verfilmt wird, und er sagte: „Du bist Frodo, Mann!" Der Meinung war ich auch. Als das Casting begann, besorgte ich mir ein Kostüm, legte mir einen englischen Akzent zu und bat meinen Freund, ein Video mit mir aufzunehmen. Das schickte ich an Peter Jackson, den Regisseur. Zwei Monate später traf ich mich mit ihm, und kurz darauf hatte ich die Rolle.*

TOPIC: Ein zentrales Thema des Films ist Freundschaft. Was bedeuten Freunde für dich?

E.W.: *Freunde sind das Wichtigste im Leben. Es war oft schwer für mich, Freundschaften zu schließen, weil ich jahrelang keine Schule besucht habe, sondern von Privatlehrern unterrichtet wurde. Doch heute ist es anders, und ich habe einige sehr gute Freunde.*

(Interview Hans Spürkel mit Elijah Wood: aus: TOPIC Nr. 126, Jänner 2002)

ZUSAMMENFASSUNG

Damit dir die Inhaltsangabe gelingt, empfehlen wir dir in Kürze folgenden Fahrplan:

1. den Text aufmerksam lesen und feststellen, worum es geht;
2. die Einleitung formulieren;
3. den Text in Sinnabschnitte (Bilder!) gliedern und sinnvoll kürzen;
4. den Hauptteil verfassen;
5. den Schluss formulieren.

LERNTIPP

VISUELLE FÄHIGKEITEN NÜTZEN UND VERBESSERN

Kim-Spiele

Das sind Spiele, bei denen an einer gegebenen Situation etwas verändert wird. Lass dir zB von einem Freund/einer Freundin eine bestimmte Anzahl von Gegenständen zusammenstellen. Diese schaust du dir genau an und versuchst sie dir zu merken. Während du wegschaust, wird die Zusammenstellung der Gegenstände verändert, zB indem ein Gegenstand gegen einen anderen ausgetauscht wird oder ein weiterer Gegenstand hinzugefügt wird. Danach musst du versuchen die Veränderung herauszufinden.

Mind-Map-Methode

Eine Technik, mit der du dir einen tollen Überblick zu einem Thema erarbeiten kannst. Gehe folgendermaßen vor:

1. Schreibe das Thema in die Mitte eines unlinierten DIN-A4-Blattes; nimm Querformat.
2. Von der Mitte ausgehend zeichnest du für jeden Hauptpunkt einen eigenen „Ast". Unterpunkte sind Seitenäste zum Hauptast.
3. Verwende Schlüsselwörter/Stichwörter zur Bezeichnung.
4. Veranschauliche deine Mind-Map zusätzlich durch Pfeile, Symbole und Farben.
5. „Fotografiere" deine fertige Mind-Map mit deinen Augen und speichere dieses Bild in deinem Gedächtnis.

Lernkartei

Das Lernen mit einer Lernkartei hilft dir, einen Überblick zu bekommen über das, was du noch lernen musst, und über das, was du schon kannst. Die Beschriftung der Karteikarten mit Worten, Symbolen, Zeichnungen usw. spricht viele deiner Wahrnehmungskanäle an, vor allem sind deine visuellen Fähigkeiten gefordert. Mehr dazu auf www.durchstarten.at/lerntipps

Lernposter

Gestalte zu einem schwierigen Stoffgebiet oder zu Wörtern, die du oft falsch schreibst, ein Übersichtsplakat. Hänge es an einer für dich gut sichtbaren Stelle in der Umgebung deines Arbeitsplatzes auf.

TIPP: Die Innenseite der WC-Tür ist auch ein verdammt guter Platz für so ein Poster!

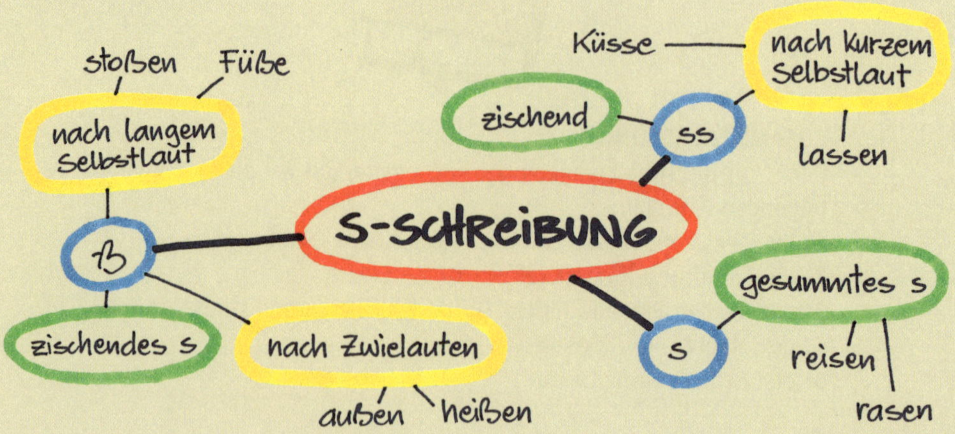

mailto:exdirex.fies@out.com
Lieber Herr Ex-Direx,
ich glaube, ich habe verstanden, was Sie meinen. Habe mir alle Ihre Argumente durch den Kopf gehen lassen. Sie glauben, dass man Deutsch heute anders unterrichten sollte als vor 50 Jahren, stimmt's? Nämlich so ähnlich, wie die das in diesem „Durchstarten" machen: Für jede gelungene Übung gibt es ein Lob und praktische Beispiele statt Definitionen. Das Lernen erfolgt in Portionen und statt Pauken bis zum Abwinken gibt es Pausen für das Gehirntraining. Tja, bin gerade dabei, mir meine Gegenargumente zurechtzulegen. Eines habe ich schon: Lernen soll doch nicht Spaß machen! Denn was Spaß macht, nimmt man nicht ernst, und was man nicht ernst nimmt, das prägt sich einem auch nicht ein.
Gut gefolgert, nicht wahr?
Ihre Miss Minus
PS: Für andere gute Argumente brauche ich noch ein wenig Zeit.
FERIEN!
mailto:miss.minus@4.Klasse
Liebe mm,
die Zeit werden Sie brauchen. Aber die haben Sie ja, wo die Zwillinge jetzt ihre verdienten Schulferien angetreten haben.
Übrigens: Es gibt auch Scheinargumente. Wenn man zB falsch schlussfolgert. Woher ich das weiß?
Aus Durchst ... aber das können Sie sich sicher denken.
Und damit schöne Ferien,
Ihr Ex-Direktor Fies ☹

ERKLÄRUNG

Was heißt Argumentieren?

Argumentieren heißt, eine Behauptung, eine Aussage, eine Forderung oder einen Vorschlag **begründen**. Ziel ist, den Adressaten zu überzeugen. Argumentieren zu können gehört zu jenen Fähigkeiten, die jeder Mensch braucht wie das Einmaleins.

Die **drei Schritte** beim Argumentieren:

- Erster Schritt: Am Anfang steht die **Behauptung**. Sie wird auch **These** genannt.
- Zweiter Schritt: Es folgt die **Begründung**, das **Argument**.
- Dritter Schritt: das **Beispiel**, der **Beleg**, der **Beweis**.

THEMA: HAUSÜBUNGEN

Es gibt nur wenige Schülerinnen und Schüler, die gerne Hausübungen erledigen. In unserer Klasse war das genauso. Ein ständiges Jammern und die Ausführung der schriftlichen Arbeiten war alles andere als optimal. Das betraf alle Fächer, in denen schriftliche Hausaufgaben verlangt werden. Sogar wir Schüler wussten, dass sich daran etwas ändern musste. Da ließ sich einer unserer Lehrer etwas einfallen. Und dieser Einfall war recht beachtlich.
Seither behaupte ich: Deutschlehrer sind für Überraschungen gut.
Ihr wollt die Begründung dazu! Kein Problem.
Unsere Deutschlehrerin spornt uns dazu an, selbst Lösungen für unsere Probleme zu finden. Ein Beispiel darf nicht fehlen. Ich weiß.
Sie stellte uns folgende Aufgabe: Wir sollten mindestens acht Argumente finden, die unter Beweis stellen, dass schriftliche Hausübungen sinnvoll sind.

Wir hatten natürlich sofort durchschaut, was die Lehrerin mit dieser Aufgabenstellung erreichen und wovon sie uns auf sehr geschickte Weise überzeugen wollte. Wir sollten selber gute und stichhaltige Argumente dafür finden, dass schriftliche Hausübungen sinnvoll sind (zumindest die meisten) und dass es uns nur Vorteile bringt, die gestellten Aufgaben zu erledigen. Und nicht nur irgendwie, sondern vollständig, ordentlich, sehens- und lesenswert.
Unsere Klasse machte sich gerne an die Denk- und Schreibarbeit. Das war die zweite Überraschung für uns.
Wir haben selbst eine wichtige Erkenntnis gewonnen und das zählt doppelt.

130 ÜBUNG

Du bist nun gebeten, den Schülern zu helfen, acht stichhaltige Argumente zu finden, die die Sinnhaftigkeit von schriftlichen Hausübungen unterstreichen.

ERKLÄRUNG

Ich will überzeugen

Wer mit seiner Ansicht überzeugen will, muss

1. etwas zu sagen haben, also etwas von einer Sache verstehen,

2. gute und stichhaltige Argumente und Beweise anführen und

3. diese gut und anschaulich formulieren und überzeugend darbieten.

Nicht selten kann eine These durch mehrere Argumente begründet, ein Argument durch mehrere Beispiele (Beweise) belegt werden.

Du wirst dich an dieser Stelle fragen, was ein Beweismittel ist:

- eine Tatsache, die feststeht oder leicht überprüft werden kann;
- das Ergebnis einer Untersuchung, das allgemein anerkannt ist;
- die Aussage einer anerkannten Autorität;
- ein Zitat aus dem Gesetz oder Ähnlichem.

Treffsichere Argumente stützen sich auf genaue Sachkenntnisse (Zahlen, Fakten) oder auf eigene Erfahrungen. (ZB Thema: Hausübungen)

131 ÜBUNG

Eine Erörterung zum Thema „Sollen die Schüler selbst entscheiden dürfen, ob sie die Hausübungen erledigen?" findest du im Lösungsheft. Schreibe die Argumente stichwortartig heraus. Vergleiche sie mit deinen Überlegungen.
(Die Arbeit hat ein Schüler deines Alters verfasst.)

THEMA: POKERN FÜR ANFÄNGER ODER MORE MONEY

In einem Jugendmagazin hast du den Hilferuf eines Mädchens gelesen, das sich beklagt, dass seine Eltern mit dem Taschengeld mehr als „zurückhaltend" sind. Sie kommt mit der zur Verfügung gestellten Summe überhaupt nicht aus und bittet die Leserschaft ihr mit guten Argumenten zur Seite zu stehen.

132 ÜBUNG

Sofort machst du dich an die Arbeit und listest fünf Argumente auf, die die richtige Strategie für mehr Taschengeld darstellen. Unter dem Motto: Die Eltern müssen überzeugt werden, damit die Leere im Geldtascherl verschwindet.

ERKLÄRUNG

Der Leserbrief

Eine weit verbreitete Form argumentativer Texte ist der **Leserbrief**.
Ein Leserbrief nimmt auf einen Artikel in einer Zeitung, einer Zeitschrift oder auf einen anderen Leserbrief Bezug.
Man kann zwei Arten von Leserbriefen unterscheiden:

1. STELLUNGNAHME

Darin äußert der Verfasser zu einem Artikel der Zeitung seine **Meinung aus ganz persönlicher Sicht**. Er stimmt dem Artikel zu, ergänzt ihn oder lehnt ihn mit Gegenargumenten ab.
Der **Aufbau** eines solchen Leserbriefs sieht so aus:

1. Bezugnahme auf den Zeitungsartikel mit Angabe des Datums, Titels und Verfassers,
2. die Aussagen des Artikels, zu denen Stellung bezogen wird,
3. eigene Stellungnahme

2. APPELLATIVER LESERBRIEF

Er **zeigt** einen **Missstand auf** (Ist-Stand, gegenwärtige Situation) und bringt **Vorschläge zur Verbesserung** der Situation (Soll-Stand). Schließlich fordert der Schreiber zum Aktivwerden auf.
Aufgebaut sind solche Leserbriefe nach dem Muster:

1. Wie ist die Situation?
2. Welches Ziel soll erreicht werden?
3. Wie kann das Ziel erreicht werden?
4. Appell an die Leser: Was muss geschehen?

TIPP

Leserbriefe drängen zur Kürze, weil die Zeitungsredaktionen wenig Platz dafür zur Verfügung stellen.
Daraus folgt:

1. Dein Leserbrief muss knapp, prägnant und anschaulich formuliert sein.
2. Verwende einfache, überschaubare Sätze.
3. Nenne die Dinge beim Namen: Ausdrücke wie *„man sollte vielleicht"* oder *„jemand könnte doch etwas unternehmen"* sind sinnlos. Sag konkret, was du willst, zB: *An alle Besitzer von Meerschweinchen appelliere ich: Haltet das Tier immer in Gesellschaft mit anderen Tieren (Artgenosse oder Kaninchen!)*

Thema: Handy-Mania

Leserbrief Nummer1

Eine Dame schreibt sich ihren Kummer von der Seele:

Handys machen einen Lärm, der nicht auszuhalten ist. Im Bus telefonieren die jungen Leute mit lauter Stimme. Die intimsten Details muss man sich mitanhören. Das ist unerträglich. Überall hört man Handys klingeln. Das finde ich sehr unangenehm. Als wir jung waren, haben wir kein Handy gehabt und haben es trotzdem geschafft, unserer Umgebung das mitzuteilen, was wir ihr mitteilen wollten. Diese ständige Erreichbarkeit würde mich total nervös machen. Mir hat eine Lehrerin erzählt, dass kein Vormittag vergeht, an dem nicht während des Unterrichts ein Handy läutet. Was heißt „läutet"? Gestern habe ich die Anfangstöne von „Born to be wild" gehört. Die heutige Jugend nimmt auf uns Ältere überhaupt keine Rücksicht mehr.

(Samantha K., keine Altersangabe)

Leserbrief Nummer 2

Ein Junge in deinem Alter „outet" sich:

Ich bin abhängig von meinem Handy. Es gibt keinen Ort, an den ich mein Handy nicht mitnehme. Ohne dieses Ding fühle ich mich total unsicher. Mir fehlt etwas, ich bin nur ein halber Mensch. Meine Mutter sagt: „Das ist nicht mehr normal!" Ich bin zwar selten ihrer Meinung, aber so ganz Unrecht hat sie nicht. Wenn ich mein Handy zu Hause liegen lasse, glaube ich ständig seine Klingeltöne zu hören.

(Kurt, 14 Jahre)

133 ÜBUNG

Der Deutschlehrer hat diese beiden Leserbriefe vorgelegt und den Auftrag erteilt, dazu Stellung zu nehmen. Verfasse zwei Leserbriefe, in denen du kurz auf beide Leserbriefe eingehst und die angeführten Fragen beantwortest.

- Kannst du die Dame verstehen?
- Gibst du ihr in einigen Punkten sogar Recht?
- Geht es dir wie dem Buben, der mit seinem Handy regelrecht verwachsen zu sein scheint?
- Bist du auch ein „Homo telephonicus"?

134 ÜBUNG

In einem weiteren Arbeitsschritt überlegst du dir, worin die Vorteile dieser Kommunikationsform liegen und welche Nachteile anzuführen sind? Notiere zu jeder der beiden Fragestellungen zumindest je fünf Argumente.

Thema: **Kinder haben Rechte**

Die Familie sollte der Ort sein, wo sich ein Kind wohl fühlt, wo seine Fragen und Probleme ernst genommen werden, wo es Rückhalt und Verständnis findet, ganz gleich, was es „angestellt" hat.
Bestimmt hast du solche Eltern. Sei ihnen dankbar und drücke sie dafür mindestens einmal ganz fest. Nicht alle Kinder sind solche Glückskinder und es gibt auch immer wieder Beweise dafür. Ich habe vorige Woche in einer Zeitung gelesen, dass immer noch – im 21. Jahrhundert!!! – Erwachsene meinen, dass Kinder eine Ohrfeige (oder einen Klaps auf die Finger oder auf den Po) „verdienen", wenn sie zu Hause nicht brav und in der Schule nicht tüchtig sind. Ich war unheimlich wütend. Diese Eltern meinen, dass sie bestimmen können, ob sie Kinder schlagen oder nicht. Das ist nicht der Fall. Ohrfeigen sind verboten. Das steht im Gesetz. Niemand darf ein Kind schlagen oder ihm sonst irgendwie wehtun. Kein Erwachsener, kein Lehrer, kein älteres Kind, kein anderer Jugendlicher, aber auch nicht Mama und Papa.
Ich will überhaupt nicht dafür plädieren, dass uns alles erlaubt sein soll. Wir wollen Grenzen haben und wir wollen keine Eltern, die „Gummiwände" sind und immer nachgeben. „Reibung" erzeugt Energie.
Aber Gewalt ist als Erziehungsmittel ausnahmslos abzulehnen und auch nicht notwendig. Eine Ohrfeige sorgt vielleicht kurzfristig für „Ruhe", aber sie sorgt auch für Angst. Langfristig erzeugt sie Wut und neue Gewalt.
Liebe Eltern! Ich bitte euch! Niemals Gewalt! Und nehmt euch mehr Zeit für eure Kinder!
PS: Vergiss nicht, deine Eltern zu umarmen. Heute noch!
(Clarissa, 14 Jahre)

135 ÜBUNG

Nenne fünf Vorschläge, die helfen können, Gewalt in der Familie zu vermeiden.

ERKLÄRUNG

Die Erörterung

„Erörterung ist **jede Art von gedanklicher Auseinandersetzung mit einem Problem.** Dabei wird ein Thema von verschiedenen Gesichtspunkten behandelt."

THEMA: LESEN IST UNCOOL (ODER DOCH NICHT?)

Die 4B arbeitet an einer Schülerzeitung. Eine Gruppe von sechs Schülern hat sich das Thema „Lesen ist uncool", Untertitel: „Computer statt Lesen?" gewählt. Bei der ersten Redaktionssitzung wird eifrig diskutiert:

Tom: Lesen ist in der heutigen Zeit wirklich vollkommen uncool geworden. Ich habe auch gar keine Zeit mehr zum Lesen dicker Bücher.

Tina: Ich lese gern und viel. Irgendwer hat einmal gesagt: Bücher sind Freunde. Das klingt zwar geschwollen, aber ich finde das auch.

Freddy: Lesen bringt mir überhaupt nichts. Ich setze mich vor den Computer und hole mir die Informationen, die ich brauche. Das geht wesentlich schneller.

Rebecca: Ich lese die Bücher, die wir von der Schule aus lesen müssen. Mehr nicht. Und das reicht mir.

Erwin: Wenn ich in eine Buchhandlung gehe, komme ich sicher mit mindestens einem Buch heraus. Die Bibliothek in meinem Zimmer kann sich sehen lassen.

Sylvia: Ich habe früher kaum gelesen, aber seit wir im Deutschunterricht einen Lesemarathon veranstalten, bin ich lesend flott unterwegs. Meine Mutter wundert sich, dass ich nur noch selten vor dem Computer sitze. Mein Lehrer hat das recht geschickt gemacht.

Pascal: Ich finde auch, dass es ohne Lesen nicht geht. Immerhin chatte ich ziemlich viel und verschicke ein SMS nach dem anderen.

Steffy: In einigen Jahren wird kein Mensch mehr Bücher lesen. Ein Politiker hat vor kurzem ganz stolz erklärt, dass er über den „Schatz im Silbersee" von Karl May nicht hinausgekommen ist. Im Vergleich dazu ist der berühmte Tennisspieler, der bisher insgesamt drei Bücher gelesen hat, ein richtiger Bücherwurm.

Eine Erörterung erfolgt in mehreren Abschnitten. Auf den folgenden Seiten werden sie näher vorgestellt.

ERFASSEN DES THEMAS

Bevor du dir einzelne Gedanken zum Thema machst, musst du dir ganz klar darüber werden, was das Thema von dir verlangt, damit du nicht am Kern der Aufgabe vorbeischreibst. Stelle daher folgende Fragen an das Thema:

- Welche entscheidenden Begriffe enthält das Thema?
- In welchem Zusammenhang stehen diese Begriffe?
- Manche Themenstellung besteht aus einer Behauptung. Versuche in solchen Fällen das Thema als Frage zu stellen. Die Antwort auf die Frage gibt dann deine Erörterung.

Zu Thema: Lesen ist uncool

- Ersetzt der Computer das Lesen?
- Ist das Lesen von Büchern nicht mehr zeitgemäß?
- Ist der PC unverzichtbar?
- Was spricht für das eine, was für das andere Medium?
- Gibt es ein Miteinander oder nur ein Entweder/Oder?

STOFFSAMMLUNG

In diesem Abschnitt werden Gedanken, Ideen, Beispiele, auch Erfahrungsbeispiele, Zitate, Fakten ungeordnet festgehalten. Du führst also ein Brainstorming durch. Dabei kommt es nur auf den Inhalt, nicht auf die Reihenfolge der Gedanken oder auf eine geeignete sprachliche Form an. Im Einzelnen gehst du so vor:

- Schreib deine Einfälle auf ein großes Blatt Papier.
- Notiere zuerst, was dir spontan zum Thema einfällt, dann versuchst du mit Hilfe der W-Fragen weitere Gedanken zu sammeln. (Eine besonders gute Formulierung eines Gedankens sollst du dir wörtlich aufschreiben, später fällt dir der genaue Wortlaut vielleicht nicht mehr ein.)
- Schreib jeden Gedanken in eine neue Zeile.
- Informiere dich – wenn möglich – in Zeitungen, Zeitschriften, Magazinen, Büchern über das Thema.
- Notiere auch Beispiele aus eigener Erfahrung.

Thema: Sollten Schulnoten durch verbale Beurteilung ersetzt werden?

Die Stoffsammlung zu diesem Thema könnte so aussehen:

- *Noten sind objektiver Spiegel von Leistungen (1)*
- *vB (= verbale Beurteilung) erfasst Leistungen und Schwächen der Schüler genauer (2)*
- *Gute Noten spornen zum Lernen an, schlechte üben Druck aus (3)*
- *Mit vB entsteht für Lehrer riesiger Arbeitsaufwand (4)*
- *Besserer Überblick über den Leistungsstand eines Schülers (5)*
- *Viele Leute würden die vB doch wieder in eine Note umrechnen (6)*
- *Bei der Notenvergabe machen sich Lehrer zu wenig Gedanken (7)*

- *Mit Noten von 1–5 kann man nicht genau und gerecht beurteilen (8)*
- *Aufgrund einer vB Schwächen deutlicher sichtbar und direkter zu bekämpfen (9)*
- *Noten anschaulicher als viele Worte (10)*
- *Die vB kann auf die Situation des Schülers besser eingehen (11)*
- *Noten verstärken Konkurrenzverhalten in der Klasse (12)*
- *Lehrer gehen mit Noten sehr verschieden um, besonders in D (13)*
- *Ergebnis einer Umfrage an einer HS: 87% für die Noten (14)*
- *Letztlich egal, ob Noten oder vB: Lernen musst du sowieso (15)*
- *Noten sagen nichts über Einzelleistungen (16)*

ORDNEN DES MATERIALS

Wenn du ausreichend Gedanken und Materialien gesammelt hast, musst du sie nach inhaltlichen Gesichtspunkten ordnen. Am vorteilhaftesten ist es, für die zusammengehörenden Gesichtspunkte eine knappe Überschrift oder ein Stichwort zu formulieren. Gesichtspunkte, die inhaltlich zusammenpassen (Unterbegriffe), fasst man unter einer knappen Überschrift (Oberbegriff) zusammen. Nummeriere nun die Gesichtspunkte oder schreibe die passenden Gedanken zu den Überschriften. Üblicherweise ordnet man die Gesichtspunkte nach steigender Wichtigkeit: die wichtigsten zuletzt. (Nicht mit der Tür ins Haus fallen!)

Beispiele: Stoffgliederung zum Thema: Sollten Schulnoten durch verbale Beurteilung ersetzt werden?
Bei einer verbalen Beurteilung sehe ich folgende Vorteile: (11) bis (16), (9)
Eine verbale Beurteilung hätte auch Nachteile: (6), (4)
Nachteile einer Beurteilung mit Noten: (8), (7), (13)
Für die Beibehaltung der Noten sprechen folgende Gründe: (14), (5), (3)

Manche Gedanken der Stoffsammlung passen offensichtlich zu keinem Gesichtspunkt. Diese lässt man weg.

DIE GLIEDERUNG

Eine Erörterung besteht zumeist aus drei Teilen:
1. Einleitung
2. Hauptteil
3. Schluss
Die Gliederung der Arbeit soll sich auch in der äußeren Form zeigen: Einleitung, Hauptteil und Schluss werden durch Absätze in deutliche Abschnitte eingeteilt, ebenso die einzelnen Gedanken innerhalb des Hauptteiles.

❶ **Die Einleitung** stimmt den Leser auf das Thema ein, enthält aber noch keinen Gedanken, der zum Hauptteil gehört. Häufig besteht sie aus einem **Einleitungsgedanken** *(Viele Leute können sich ein Leben ohne Handy nicht mehr vorstellen)* und einem **Überleitungsgedanken** *(Andere, es werden nicht mehr viele sein, kommen ganz gut ohne dieses Mobiltelefon zurecht).* Dann wird das Thema meist in Form einer Frage aufgenommen. *(Welche Bedeutung hat das Handy in der gegenwärtigen Gesellschaft?)*

Hier ein paar Möglichkeiten, wie man eine Erörterung beginnen kann:

- mit einem **aktuellen Anlass**;
- mit einer **persönlichen Erfahrung**;
- mit einer **Schlagzeile**, einem **Zitat**, einem **Sprichwort** usw.;
- mit einer **Anekdote**;
- mit der **Klärung eines wichtigen Begriffs**;
- mit einem **geschichtlichen Einstieg**.

Zwei Beispiele dienen zur Veranschaulichung:

Thema: Der Alkoholkonsum von Jugendlichen nimmt auf erschreckende Weise zu. Welche Ursachen können angeführt und welche Gegenmaßnahmen ergriffen werden?

Den Untersuchungen der WHO zufolge hat der Alkoholkonsum unter Jugendlichen ab den 90er Jahren zugenommen. In der Presse sind immer öfter Meldungen zu lesen, die bestätigen, dass sich diese dramatische Entwicklung fortsetzt und immer jüngere Opfer findet.	Verlässliche Quelle Zeitungsnachricht
Wieso konnte es so weit kommen? Überlegt sich jemand, wie diese Höllenfahrt zu stoppen ist? Offensichtlich wurde nur über Jugendliche geredet und nicht mit ihnen. Es ist höchste Zeit, nach den Ursachen dieser dramatischen Entwicklung zu fragen.	Fragen und ein Appell bauen eine Überleitung zum Hauptteil.

Im Lösungsheft findest du eine gelungene Schülerarbeit dazu (siehe Übung 139).

Thema: Computerspiele – ein harmloses Vergnügen?

In meiner Klasse gibt es nur noch ganz wenige Ausnahmen, die ohne Computerspiele auskommen. Am beliebtesten sind Spiele, die das Ziel verfolgen, in möglichst kurzer Zeit möglichst viele Feinde zu killen und Städte dem Erdboden gleichzumachen.	Die Einleitung geht von einer Erfahrung aus.
Da frage ich mich schon, ob sich die Eltern bewusst sind, bei welch „unterhaltsamen Spielchen" sich ihr Nachwuchs amüsiert. Ich weiß aus verlässlicher Quelle, dass Vierzehnjährige Computerspiele ausleihen, die 18-Jährigen empfohlen werden.	Eine kritische Frage leitet zum Hauptteil über. Eine Information wird gegeben.

❷ **Der Hauptteil** enthält die eigentliche Auseinandersetzung mit dem Thema nach verschiedenen Gesichtspunkten.
Die grundlegende Arbeit zum Hauptteil wird in der Stoffsammlung geleistet.

❸ **Der Schluss** soll den Text abrunden. Für den Schluss bieten sich folgende Möglichkeiten an:

- eine abschließende **persönliche Stellungnahme** formulieren;
- auf **mögliche Folgen** hinweisen;
- das **Ergebnis** der Erörterung **zusammenfassen**;
- mit einem **Ausblick in die Zukunft** oder mit einem **Wunsch** abschließen.

Auch für den Schluss ein Beispiel:
Thema: Computerspiele – ein harmloses Vergnügen?

Ich finde, dass gegen Computerspiele generell nichts einzuwenden ist. Wie ich bereits erwähnte, fordern sie die Reaktionsfähigkeit und können strategische und diplomatische Fähigkeiten verbessern. Ich mag Spiele, die mit Geschichte zu tun haben. Beim Spielen habe ich so viel über die Geschichte Roms erfahren, dass mich meine Geschichtelehrerin gelobt hat. Derartige Spiele halte ich für sinnvoll, Spiele, bei denen es für Tote Pluspunkte gibt, lehne ich ab.	Der Schluss fasst zusammen, formuliert eine persönliche Aussage und trifft eine klare Unterscheidung.

DIE AUSARBEITUNG (REINSCHRIFT)

Dein Konzept ist nun fertig. Bevor du die Reinschrift beginnst, überprüfst du noch einmal, ob deine Aussagen insgesamt eine klare Antwort auf die Themafrage geben. Es ist wichtig, dass du zu einem klaren Ergebnis kommst. Um dir den Schritt vom Konzept zur Reinschrift zu verdeutlichen, findest du im folgenden Beispiel die Gliederungspunkte am Rand angemerkt.

Zurück zum **Thema: Lesen ist uncool (Oder doch nicht?)**
Der vollständige Text liegt nun vor:

Untersuchungen haben gezeigt, dass viele Kinder und Jugendliche immer weniger lesen. Bücher sind „out"; Computer und Playstation sind „in". Burschen sollen vom Lesen noch weniger halten als Mädchen.	**Einleitung:** Auf die Themafrage wird Bezug genommen.
Nicht selten ist zu hören: Lesen ist etwas für ältere Herrschaften oder für Junge mit veralteten Ansichten. Zugegeben: Ganz ohne Lesen geht es auch bei diesen Jugendlichen nicht. Sie chatten oft und verschicken massenhaft SMS. Ihr Motto lautet: „Computer statt Lesen."	**Hauptteil:** These: Lesen ist nicht zeitgemäß Argumente: Neue Medien lösen das Buch ab.

Ich hingegen sage: Computer UND Lesen. Wenn ich eine Information für ein Referat brauche, schaue ich in Büchern und im Internet nach. *Es stimmt schon, dass zeitgemäßer Unterricht ohne Computer nicht mehr auskommt. Aber zu diesem Medium finden die Jugendlichen meist aus eigenem Antrieb. Zum Lesen muss sie nicht selten die Schule führen.*	Gegenargument: Lesen und Computer
Für die Bedeutung des Lesens werde ich stichhaltige Argumente anführen. Damit kann ich beweisen, dass Lesen cool ist. *Lesen ist Abenteuer im Kopf. Die Bilder zu einer Geschichte sind nicht die Bilder von jemand anderem. Es sind die Bilder des Lesers. Er gestaltet sie sich selbst aus. In seiner Fantasie. Als ich vor kurzem die Verfilmung eines mir bekannten Buches gesehen habe, war ich echt enttäuscht. Die Bilder in meinem Kopf waren ganz andere als die auf der Leinwand.*	These: Lesen ist unverzichtbar. These: Fantasie wird angeregt. Beispiele
Wer wenig liest, beherrscht auch die Technik des Lesens nicht optimal. Das wirkt sich nicht nur im Deutschunterricht aus. In allen Unterrichtsfächern wird gelesen und das Gelesene soll verstanden werden. Weil ich viel lese, steht nicht selten unter den von mir verfassten Texten: Inhalt und sprachliche Gestaltung beeindrucken. *Lesen lernt man nur durch Lesen. Nicht durch lustige Bilder auf Bildschirmen und ebenso nicht anhand von Halbsätzen auf Displays.*	These: Beim Lesen lernen wir. Argumente: Wer liest, kann vieles besser. Beispiele
Eines Tages überraschte uns unsere Deutschlehrerin mit der Idee eines „Lesemarathons“. Wir sollten in einer Zeitspanne von einem halben Jahr 2000 Seiten lesen. In einem Lesetagebuch notierten wir die gelesenen Bücher mit einer kurzen Beschreibung des Inhalts, die jeweils gelesene Seitenanzahl und das entsprechende Datum. Es war unglaublich. Sogar die, denen bisher zu Büchern nur „uncool“ einfiel, sind richtig auf den Geschmack gekommen. Und der sportliche Ehrgeiz, das Ziel zu erreichen, spornte uns alle enorm an.	These: Lesen steckt an. Argument: Was jemand anderer für gut findet, weckt Interesse. Beispiele

Deutschlehrer tragen eine besondere Verantwortung. Sie sollen sich sehr gut überlegen, welche Bücher sie ihren Schülern zur Lektüre empfehlen. Am besten ist, wenn sich Lehrer und Schüler gemeinsam auf die Suche machen. Ich habe es bereits erwähnt. Unsere Deutschlehrerin hat in uns die Lesefreude entfacht.	These: Schule trägt Verantwortung. Beispiele
Auch die Eltern haben Einfluss auf das Leseverhalten ihrer Kinder. Meine Eltern haben meiner Schwester und mir tonnenweise Kinderbücher nach Haus geschleppt – das sind ihre Worte – sie haben uns vor dem Einschlafen vorgelesen und uns immer wieder zum Lesen angeleitet. Sie sind selber selten vor dem TV-Schirm gesessen und haben selbst gelesen. Trotz allem macht meine Schwester immer noch einen weiten Bogen um jedes Buch. (Also sind doch nicht NUR Burschen Anti-Bücher-Fans.) *Ich bin mir sicher, sie wird schon noch draufkommen.*	These: Eltern prägen das Leseverhalten ihrer Kinder. Argument: Kinder ahmen Verhalten nach. Gegenargument zu: Lesen ist weiblich.
Für mich sind Bücher Freunde, die ich überallhin mitnehmen kann, auf die ich stolz sein kann und die da sind, wenn ich sie brauche. Es ist ganz wichtig, dass man immer wieder zum Lesen motiviert wird. Dabei sind Eltern, Freunde und Lehrer ganz wichtig. Geschwister kommen bei mir nicht in Frage. Zumindest jetzt noch nicht. *Ich lese gerne und den Computer verwende ich, weil er mich in meiner Arbeit unterstützt. Ich sagte es bereits: Lesen und Computer und nicht Lesen statt Computer.* *Übrigens! Ich „verschlinge" derzeit das Buch „Ein Meer, dazwischen eine Welt entfernt" von Lensey Namioka. Der Leser begegnet in China im Jahre 1921 einem mutigen Mädchen, das in seiner Heimat und später in Amerika für ein selbstbestimmtes Leben kämpft.* *Dieses Buch stelle ich in einem Referat meinen Mitschülerinnen und Mitschülern vor. Ich werde mir im Internet noch einige Informationen über das China der 20er Jahre des vorigen Jahrhunderts besorgen. Ob ich zu meiner Buchvorstellung eine Powerpoint-Präsentation erarbeite, ist noch nicht sicher. Aber wahrscheinlich werde ich es tun.*	Schluss: Ergebnis Zusammenfassung Buchempfehlung

TIPP

Lies deine Arbeit nach der Reinschrift unbedingt noch einmal durch. Wort für Wort und ganz konzentriert. Dabei fallen dir vielleicht unnötige Wortwiederholungen auf, der eine oder andere fehlende Beistrich. Sollte ein Satz etwas umgebaut werden? Überprüfe auch die sprachliche Richtigkeit (Grammatik!) und die Rechtschreibung.

THEMA: FANKULT ODER FANATISMUS?

Nach dem Referat einer Mitschülerin über eine Popgruppe stand dieses Thema plötzlich im Raum. Die Lehrerin merkte, dass sich die Klasse davon angesprochen fühlte. Es wurde heftig diskutiert und dabei ging es teilweise sogar ein bisschen fanatisch zu. Keine Sorge! Ausgerastet ist niemand. Den Text zu dieser sehr spannenden Frage hat Lisa (Schülerin einer achten Schulstufe) vorgelegt. Du findest ihn im Lösungheft abgedruckt.

136 ÜBUNG

Lies Lisas Text im Lösungsheft. Neben dem Text findest du Notizen, die zum Aufbau und zur inhaltlichen Gestaltung der Erörterung Auskunft geben.

137 ÜBUNG

Versuche den Text zu beurteilen.

Was sagst du zur inhaltlichen Aussage? Wie beurteilst du die sprachliche Gestaltung? (Im Lösungsheft wird verraten, welche Stellungnahme die Lehrerin unter den Text geschrieben hat.)

138 ÜBUNG

Zum Schluss ihrer Arbeit formuliert Lisa eine Aussage und sie verwendet Bilder dazu. Schreibe auf, was dir die Jungautorin auf bildhafte Weise mitteilen möchte.

DARSTELLUNGSFORMEN

Manche Themenstellungen verlangen vom Verfasser, **Vor- und Nachteile** eines Sachverhalts zu überdenken, **Pro und Contra** gegeneinander abzuwägen. (zB: Schulnoten oder verbale Beurteilung?, Lesen oder Computer?) Daneben gibt es die **entwickelnde Darstellungsform**, die man wählt, wenn ein feststehender Sachverhalt begründet werden will.
Zu folgendem Thema möchten wir dir die **entwickelnde Darstellungsform** zeigen: „Der Alkoholkonsum von Jugendlichen nimmt auf erschreckende Weise zu. Welche Ursachen können angeführt und welche Gegenmaßnahmen ergriffen werden?"

Gliederung

I. Einleitung:

In Zeitungen ist immer wieder zu lesen, dass die Zahl der Jugendlichen, die Alkohol konsumiert, zunimmt. Polizei, Jugendämter und Sozialarbeiter bestätigen diese dramatische Tatsache und sie zeigen auch auf, dass schon 13-Jährige Alkoholprobleme haben.
Ich frage mich – und das sollten möglichst viele tun –, warum Jugendliche ihre Gesundheit und sogar ihr Leben aufs Spiel setzen.

II. Hauptteil:

1. Ursachen, die im familiären Umfeld begründet liegen. Gebrochene Beziehungen, überforderte Eltern, keine Zeit für das Kind.
2. Erwachsene „Vorbilder": Fröhlich sein ohne Alkohol gibt es nicht.
3. Erwachsene, die nur Schuld zuweisen und ständig über „diese Jugend" schimpfen.
4. Schulische Probleme, Arbeitslosigkeit.
5. Flucht aus einer trostlosen Wirklichkeit.
6. „Falsche Freunde" oder gar keine.
7. Enttäuschung, weil Ziele nicht erreicht wurden.
8. Jugendliche finden alles sinnlos. Sie haben Angst vor der Zukunft.
9. Sie haben das Gefühl, dass niemand sie will, braucht, liebt.
10. Sie finden in einer schwierigen Zeit (Pubertät) keine Hilfe, keinen Halt, kein Verständnis.

III. Schluss:

Das Wichtigste ist, die Jugendlichen nicht im Stich zu lassen, sondern ihre Problem ernst zu nehmen. Jeder ist gefordert, sich zu überlegen, wie er helfen kann.

139 ÜBUNG

Verfasse einen Text, in dem diese Gliederungspunkte näher ausgeführt werden. Baue auch eigene Gedanken ein.

LERNTIPP

MÜNDLICHE PRÜFUNGEN ERFOLGREICH BESTEHEN

Fragenkatalog erstellen

Erstelle einen Fragenkatalog zum Prüfungsstoff. Schreibe Fragen, die dir während der Vorbereitung in den Sinn kommen, auf die Vorderseite einer Karteikarte, die Antworten auf die Rückseite. Verwende für jede Frage eine Karteikarte.

Prüfungssituation nachspielen

Bitte jemanden für dich „Prüfer zu spielen". Der „Prüfer" stellt dir Fragen aus dem Prüfungsstoff, indem er die Karteikarten aus dem Fragenkatalog verwendet. Lege die Prüfungszeit vorher fest und überschreite sie nicht. Idealerweise „spielt" der „Prüfer" deinen Lehrer nach (du weißt sicher, wie dein Lehrer prüft, wie lange er etwa prüft, ob er Zwischenfragen stellt etc.). Gib dem „Prüfer" klare und deutliche Antworten auf die gestellten Fragen; versteht der „Prüfer" etwas nicht, ist das ein Signal dafür, dass du deine Antwort besser formulieren musst.
Findest du keinen „Prüfer", kannst du die Übung auch alleine machen. Du übernimmst auch die Rolle des „Prüfers".

Körpersprache

Körpersprachliche Signale können eine Prüfung positiv oder negativ beeinflussen. Achte auf folgende Punkte:

- Aufrechte Körperhaltung, Prüfer freundlich und erwartungsvoll anschauen.
- Setze beim Reden deine Hände (Gestik) und deinen Gesichtsausdruck (Mimik) ein.
- Sprich laut, deutlich und nicht zu schnell; verwende kurze Sätze.

Nachfragen

Hast du eine Frage nicht verstanden, frage nach. Nachfragen bringt dir auch einen Zeitgewinn, wenn du dir über deine Antwort noch nicht im Klaren bist.

Nachdenken

Eine gute Antwort muss gut überlegt sein. Nimm dir Zeit zum Nachdenken und überlege dir die Formulierungen, ehe du zu reden anfängst. Sollte dich ein Prüfer antreiben, mache ihn höflich darauf aufmerksam, dass du erst nachdenken musst.

Falsche Antworten

Keine Angst davor! Sage alles, was dir zur Frage einfällt und nicht direkt falsch erscheint. Lieber mal auch eine falsche Antwort geben als sich nach der Prüfung ärgern, wenn man bemerkt, dass die verschwiegene Antwort richtig gewesen wäre.

Ehrlichkeit

Gib zu, wenn du etwas nicht weißt. Langes Schweigen steigert die Nervosität. Der Prüfer stellt dir möglicherweise Zusatzfragen zu diesem Stoffgebiet. Auch darauf keine Antworten zu geben erzeugt beim Prüfer die Vermutung, dass du nichts kannst. Daher möglichst schnell weg aus diesem Stoffgebiet. Wenn du dein Nicht-Wissen zugibst, hat der Prüfer die Gelegenheit dir eine andere Frage zu stellen und das „lästige Nachbohren" fällt weg.

SCHRIFTLICHE PRÜFUNGEN ERFOLGREICH BESTEHEN

Stoffgliederung und Materialsammlung

Verwende dazu eine Mind-Map (siehe Seite 146). Schreibe das Thema der Prüfung in die Mitte eines Blattes und ordne das Stoffgebiet um den Mittelpunkt herum an. Suche dir die Materialien zusammen, die du zur Vorbereitung benötigst (Bücher, Hefte, Kopien usw.).

Zeitplanung

Verwende dazu deinen Zeit- und Lernplaner (siehe Seite 7). Wann du mit der Vorbereitung beginnst, hängt ua. ab von Stoffumfang, Schwierigkeitsgrad des Prüfungsstoffes und deinen Vorkenntnissen. Berücksichtige bei deiner Zeitplanung auch Wiederholungsphasen, gegen Ende der Vorbereitungszeit wird dein Lernaufwand daher größer sein müssen. Für Schularbeiten gilt als „Daumenregel": 1 Woche Vorbereitungszeit

Schummelzettel

Er enthält die wichtigsten Inhalte und Informationen. Gestalte ihn so übersichtlich wie möglich. Der „Schummler" bietet zwei Vorteile:

1. Wenn du es schaffst, auf sehr kleinem Raum die wichtigsten Informationen zu notieren, hast du in der Regel einen guten Überblick über das Prüfungsgebiet.
2. Er ist eine mentale Stütze während der Prüfung. Das sichere Gefühl reicht aus, dass du den Zettel gar nicht benützen musst, weil Schummeln ist ja verboten!

Verhalten während der Prüfung

Ruhe bewahren: Lass dich von anderen nicht verrückt machen; geh auf keine Fragen mehr ein; lege dir alle Materialien, die du für die Prüfung benötigst, geordnet auf den Tisch; sollte Nervosität aufkommen, atme einige Male tief durch und lehne dich dabei zurück.

Positive Erwartungshaltung einnehmen: Sage dir zB vor der Prüfung: „Ich bin gut vorbereitet und froh, dass es endlich losgeht."

Aufgabenstellung genau durchlesen: Verschaffe dir zunächst einen Überblick über die gesamte Prüfung. Danach beurteilst du, welche Aufgaben für dich leicht und welche eher schwerer zu lösen sind.

Ablauf planen – vom Leichten zum Schweren: Lege die Reihenfolge der Aufgabenerledigung fest, fange mit der leichtesten Aufgabe an. Überlegst du zu lange erfolglos an einer Aufgabe, macht dich das nervös und kostet dich Zeit.

Zeit im Auge behalten: Kontrolliere die Zeit, ohne dich dabei verrückt zu machen. Berücksichtige zum Ende der Prüfung hin auch noch Zeit zum Korrekturlesen.

Übersicht behalten: Übersichtlichkeit hilft auch dir, nicht nur deinem Prüfer. Schreibe ordentlich, arbeite mit Unterstreichungen und Farben.

Kleine Pausen einlegen: Auch während der Prüfung lässt die Konzentration nach. Lege daher nach einer erfolgreich abgeschlossenen Aufgabe eine kurze Pause ein und genieße den Erfolg. Bei Prüfungen über 50 Minuten solltest du auch etwas essen und trinken.

Zeit voll ausnützen: Wenn du mit der Arbeit fertig bist, nütze die verbleibende Zeit zur Schlusskorrektur und formalen Ausgestaltung (zB Unterstreichungen, schlecht Lesbares neu schreiben ...).

„Nicht genügend" – Was tun? Aus dem Schulrecht
Infos für Eltern und SchülerInnen

BENOTUNG

Bei der Festsetzung einer Note muss der Lehrer alle im Laufe des Schuljahres erbrachten mündlichen und schriftlichen Leistungen berücksichtigen. Nur die Ergebnisse der Schularbeiten heranzuziehen ist unzulässig.

„Sehr gut" und **„Gut"**: Der Schüler hat über das Wesentliche („Gut") bzw. weit über das Wesentliche („Sehr gut") hinaus Leistungen erbracht.

„Befriedigend": Der Schüler hat den Anforderungen in den wesentlichen Bereichen entsprochen.

„Genügend": Der Schüler weist in den wesentlichen Bereichen Lücken auf. Er hat den Anforderungen nur überwiegend entsprochen.

„Nicht genügend": Der Schüler hat die Anforderungen nicht einmal in den wesentlichen Bereichen überwiegend erfüllt.

Was sind die so genannten „wesentlichen Bereiche"? Der Lehrer hat diese im Laufe des Unterrichtsjahres selbst zu definieren. Es ist jedenfalls nicht zulässig, erst nach einer Prüfung zu sagen, was wesentlich und was unwesentlich gewesen wäre.

MÜNDLICHE PRÜFUNG

- Ankündigung durch den Lehrer mindestens 2 Unterrichtstage vorher
- Dauer: Unterstufe max. 10 Minuten; Oberstufe max. 15 Minuten
- Mindestens 2 voneinander unabhängige Fragen
- Auf Fehler ist sofort hinzuweisen
- Verbot der Durchführung
  - wenn am gleichen Tag bereits eine Schularbeit oder 2 mündliche Prüfungen angesetzt sind
  - am Tag nach 3 oder mehr schulfreien Tagen oder
  - nach mehrtägigen Schulveranstaltungen
- Die Note muss noch in derselben Stunde bekannt gegeben werden

WUNSCHPRÜFUNG

Jeder Schüler hat ein Recht auf eine Prüfung pro Semester. Die Anmeldung zur Prüfung hat so zeitgerecht zu erfolgen, dass die Durchführung der Prüfung möglich ist.

SCHULARBEITEN

- Bekanntgabe der Schularbeitstermine im ersten Semester innerhalb der ersten 4 Wochen, im zweiten Semester innerhalb der ersten beiden Wochen
- Bekanntgabe des Stoffes mindestens 1 Woche vorher
- der Lehrstoff der letzten beiden Unterrichtsstunden darf nicht geprüft werden
- Verbot der Durchführung
  - am Tag nach 3 oder mehr schulfreien Tagen oder nach mehrtägigen Schulveranstaltungen
  - wenn am gleichen Tag mehr als eine Schularbeit stattfinden würde

- wenn innerhalb einer Woche (nicht Kalenderwoche, sondern insgesamt 8 Tage) mehr als 2 (in BHS mehr als 3) Schularbeiten stattfinden würden
- Schularbeiten ab der 5. Unterrichtsstunde (gilt nicht für BHS)

- Rückgabe spätestens nach einer Woche

- Wegen vorgetäuschter Leistungen ungültige Schularbeiten gelten als versäumt

NACHSCHULARBEITEN

Sie müssen stattfinden:

- Für einzelne Schüler, die mehr als die Hälfte der Schularbeiten im Semester versäumen

- Für alle Schüler, wenn mehr als die Hälfte der Arbeiten mit „Nicht Genügend“ beurteilt wurde

- Der Stoff muss gleich bleiben, aber mit neuen Aufgaben

- Sie muss innerhalb von 2 Wochen nach der Rückgabe erfolgen

- Nur die bessere der beiden Noten zählt

FRÜHWARNSYSTEM

Wenn die Leistungen des Schülers auf Grund der bisher erbrachten Leistungen in einem Pflichtgegenstand zum Ende des 1. oder 2. Semesters mit „Nicht genügend“ zu beurteilen wären, ist dies den Erziehungsberechtigten unverzüglich mitzuteilen und dem Schüler sowie den Erziehungsberechtigten vom Klassenvorstand oder vom unterrichtenden Lehrer Gelegenheit zu einem beratenden Gespräch zu geben.

Bei diesem Gespräch soll ein individuelles Förderkonzept erstellt werden. Dabei sollen beachtet werden:

- Lerndefizite
- Fördermöglichkeiten
- Leistungsnachweis
- Individuelles Förderprofil

Achtung: Auch wenn eine Frühwarnung ausbleibt, kann der Schüler noch immer mit „Nicht genügend“ beurteilt werden.

AUFSTEIGEN MIT EINEM „NICHT GENÜGEND“

Grundsätzlich sind Schüler mit einem „Nicht genügend“ nicht zum Aufsteigen in die nächste Klasse berechtigt.

Ganz im Sinn seiner pädagogischen Ausrichtung sieht das Schulunterrichtsgesetz jedoch eine wichtige Ausnahme vor. Hat der Schüler nicht bereits im vorigen Schuljahr im gleichen Gegenstand ein „Nicht genügend“ und ist dieses Fach weiter im Lehrplan vorgesehen, kann die Klassenkonferenz, in der alle Lehrer vertreten sind, die in der Klasse unterrichten, beschließen den Schüler aufsteigen zu lassen.

Voraussetzung für eine positive Entscheidung ist, dass die Leistungen in allen anderen Fächern so gut sind, dass der Schüler aller Voraussicht nach im kommenden Jahr erfolgreich am Unterricht teilnehmen kann. Der Gesetzgeber geht davon aus, dass die Leistungsreserven eines Schülers begrenzt sind. Die Klassenlehrer müssen gemeinsam eine Prognose abgeben, ob ein Schüler die Lücken in einem mit „Nicht genügend“ beurteilten Gegenstand bei fortschreitendem Unterricht im folgenden Schuljahr angesichts der Situation in den anderen Fächern wird aufholen können.

BERUFUNG

Berufen kann man nicht gegen einzelne Noten, sondern nur gegen den so genannten „Bescheid zum Nicht-Aufstieg". Aussichten für eine erfolgreiche Berufung sind dann gegeben, wenn Eltern darlegen können, dass sachfremde Gründe, zB disziplinäre Schwierigkeiten, bei der Benotung eine Rolle gespielt haben, die geforderten Kenntnisse aber sehr wohl vorhanden sind. Gegen den „Bescheid zum Nicht-Aufsteigen" könnte erfolgreich eingewendet werden, dass

- außergewöhnliche Belastungen des Kindes nicht berücksichtigt wurden, besonders, wenn gegen Ende des Schuljahres wieder eine steigende Tendenz erkennbar war;

- die fehlenden Kenntnisse im folgenden Jahr keine Rolle mehr spielen oder nicht grundlegend für das Verständnis des Lehrstoffs im kommenden Schuljahr sein werden.

Nicht erfolgreich sind meistens Berufungen, die sich auf einen Notenvergleich mit anderen Schülern beziehen.

Die Berufung (unbedingt mit Datum!) ist bei der Schule formlos einzubringen. In ihr wird zum Ausdruck gebracht, dass man gegen die Nichtberechtigung zum Aufsteigen in die nächste Klasse beruft und das „Nicht genügend" und/oder den Beschluss der Klassenkonferenz nicht für gerechtfertigt hält. Der Direktor ist verpflichtet sie an den zuständigen Landesschulrat weiterzuleiten. Die Berufung ist innerhalb von 5 Tagen nach mündlicher oder schriftlicher Zustellung des „Bescheides zum Nicht-Aufsteigen" möglich.

Der Landesschulrat überprüft anhand der Aufzeichnungen der Lehrkraft, ob die Note gerechtfertigt ist, und entscheidet danach über die Berufung. Reichen die vorgelegten Unterlagen nicht aus, kann der Landesschulrat eine kommissionelle Prüfung ansetzen. Der gesamte Jahresstoff kann Gegenstand einer solchen Prüfung sein.

WIEDERHOLUNGSPRÜFUNG

Eine Wiederholungsprüfung darf der Schüler in einem oder zwei Pflichtgegenständen ablegen, wenn er im Jahreszeugnis ein „Nicht genügend" hat. Wenn der Schüler mit einem „Nicht genügend" zum Aufsteigen berechtigt ist, darf er dennoch zur Wiederholungsprüfung antreten. Schafft er diese nicht, darf er dennoch aufsteigen.

Die Prüfung besteht aus einer schriftlichen und einer mündlichen Prüfung (mit Beisitzer) und umfasst den Jahresstoff. Die neu festzusetzende Jahresbeurteilung kann höchstens „Befriedigend" lauten.

Adjektiv 29
Adverb 26
Aktiv 94
Anfrage 112
Anführungszeichen 58
Antrag 110
Apostroph 56
Argumentieren 148
Aufzählung 50
Ausarbeitung 157
Ausklammerung 77
Auslassungszeichen 56
Beistrichregeln 48, 53
Bewerbungsschreiben 116
Beziehungswort 80
Blitzdiktat 15
Brief 106
Dehnung 15
Demonstrativpronomen 102
Diagnosediktat 14
direkte Rede 143
Doppelpunkt 57
Doppelvokal 16
Eigennamen 28
Einleitung 135, 155
Erörterung 153, 161
Ersatzform für den Konjunktiv 91
Fehlerstatistik 33
Fremdwortschreibung 42 ff
Futur II 82
Gedankenstrich 57
Getrenntschreibung 32
Gliederung 131, 155, 161
Gliedsatz 67, 69, 72
Großschreibung 19
Hauptsatz 67
Hauptsatzreihe 65
Hauptteil 135, 137, 155
hinweisendes Fürwort 102
höfliche Anrede 20
indirekte Rede 89, 144
Inhaltsangabe 128
Interrogativpronomen 102
Kleinschreibung 21
Kongruenz 79
Konjunktion 64
Konjunktiv 89, 90
Kurzfassung 122
Lebenslauf 119
Leserbrief 150
Modalverb 84
modifizierendes Verb 87
Modifizierung 84
Nominalisierung 24
Nominalstil 73
oder (Beistrich) 54
Passiv 93, 94
Präposition 98
Pronomen 20, 101
Reflexivpronomen 101
Reinschrift 157
Reklamation 114
Relativpronomen 80
rückbezügliches Fürwort 101
Satzgefüge 65, 67
Satzklammer 77
satzwertiger Infinitiv 75
Schluss 135, 137, 155
Selbstdiktat 43
Sinnabschnitt 140
Sprachbezeichnungen 25
s-Schreibung 18
Stoffsammlung 154
Tageszeiten 20
Textpartitur 69
Thema 154
Überleitungsgedanke 156
und (Beistrich) 54
Verbalstil 73
Wochentage 20
Wortschlange 42
Zahlwörter 24
Zeiten 82
Zeitenfolge 83
Zeitform 94
zu 39, 87
Zusammenhang 62
Zusammenschreibung 34